MÉMOIRES ET NOTES

SUR L'EMPLOI DE

L'ARTILLÈRIE NAVALE.

PAR

L. LEWAL, lieutenant de vaisseau.

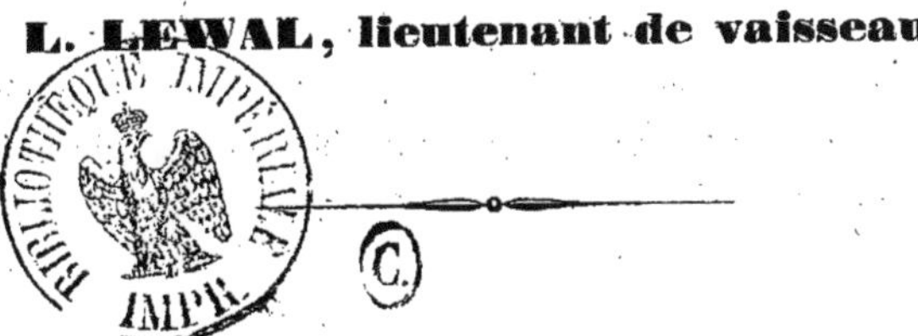

L'importante collection dont la publication vient de commencer sous ce titre, renferme des travaux consciencieux, approfondis et exclusivement pratiques, sur la plupart des questions que soulève l'emploi de l'artillerie navale ; questions qui ont un si haut intérêt pour l'arme de la marine.

Ces travaux ne sont pas des compilations, mais des études personnelles à l'auteur. Il prend la responsabilité des opinions qu'il exprime, des propositions qu'il formule, et, en entreprenant cette publication, uniquement destinée aux officiers de la marine, il croit pouvoir compter sur la sympathie et les encouragements de ses camarades.

Il eût été possible de réunir et de coordonner dans un seul ouvrage les études et les recherches auxquelles l'auteur s'est livré depuis dix ans ; mais

DÉPOT. { A Toulon, chez RUMÈBE, libraire sur le Quai.
A Paris, chez ARTHUS BERTRAND, rue Hautefeuille, 21.
Et dans les ports de Cherbourg, Brest, Lorient et Rochefort.

3e SÉRIE. — N° 2.

il a préféré les laisser, sans y rien changer, sous la forme de mémoires détachés et de notes qu'il leur avait primitivement donnée, à diverses époques, pour les présenter à l'examen du Conseil des travaux de la marine ou de diverses commissions.

Le prix minime de chaque brochure ou numéro en facilitera l'acquisition et permettra à chacun l'étude isolée des sujets et des questions spéciales qui l'intéressent plus particulièrement.

Toutes les parties de cette publication, dont l'ensemble a réellement un caractère d'unité, sont indépendantes l'une de l'autre. Chaque mémoire ou brochure, renferme en général une étude complète sans liaison directe et nécessaire avec les autres. Par l'étendue même des matières, la publication ne saurait être que successive, et elle a commencé par les numéros qui ont le plus d'actualité ou une utilité plus immédiate, sans suivre l'ordre des matières indiqué ci-après :

1re SÉRIE. — Etudes diverses sur le matériel et son emploi.

1. — Recherches théoriques et pratiques sur l'étendue du champ de tir horizontal et vertical des bouches à feu de la marine; les dimensions de l'écartement de leurs sabords, les formes et dimensions des coussins et coins de mire, des croissans, des adens de l'affût, etc. (Octobre 1853.)

2. — Expériences comparatives entre divers écouvillons. (Juillet 1854.)
Expériences relatives à diverses espèces de gargousses. (Janvier 1855.)
Note sur l'inflammation accidentelle des gargousses. (Juillet 1854), avec addition en mai 1857.)
Note sur les culots et les crasses. (Janvier 1855.)

3. — Résumé d'expériences sur les étoupilles à frictions. (Avril 1858.)
Agrandissement des lumières des bouches à feu marines. (Janvier 1856).
Note sur les valets, les tampons et les bouchons. (Novembre 1860.)
Note sur les bragues.
Note sur les sabots.

4. — Note sur l'installation du vaisseau anglais l'*Orion*. (Novembre 1859.)
  Note sur l'installation des vaisseaux anglais le *Neptune* et le *Cæsar* et divers autres
    bâtiments de guerre. (Juin 1860.)
  Renseignement sur le vaisseau anglais *Excellent* (école des canonniers). 1856.

2e série. — Instruction des batteries des vaisseaux.

1.' — Pointage et chargement des pièces de mer. (Juillet 1852).

2.' — Instruction sur les exercices, les manœuvres et les tirs des batteries des gaillards
    des vaisseaux. (Décembre 1859.)

3.' — Guide pour l'instruction d'une deuxième batterie de vaisseau. (Février 1861.)

3e série. — Tir à ricochet; Tir convergent; Tir précipité.

1. — Considérations pratiques sur le tir à ricochet à la mer. (Août 1854, avec additions
    en avril 1857.)

2'. — Exposition du système du tir convergent. (Avril 1854.)

3. — Installation du tir convergent; graduation à la planchette; tables de graduation.
    (Juin 1855.)

4. — Discussion du système du tir convergent et des résultats fournis. (Octobre 1857.)

5. — Note sur le tir convergent à volonté. (Septembre 1856).
  Note sur le tir précipité. (Janvier 1857.)
  Historique du tir convergent.

4e série. — Questions diverses relatives à l'artillerie.

1. — Mesure de la distance de l'ennemi dans le combat. (Mai 1857, avec additions en
    août 1860.)
  Note sur la mesure des grandes distances à la mer. (Mai 1859.)

2. — Déviations des projectiles dues à la vitesse du bâtiment; tables. (Juin 1859.)
  Note sur les curseurs supplémentaires à déviation. (Février 1861).

3. —- Installation des passages des poudres et projectiles, sur les vaisseaux le *Henri IV* et l'*Algésiras*. (1852-56.)

4. —- Données d'expérience sur le tir des pièces de la marine; recueillies en 1853-54-55, à bord des bâtiments-écoles l'*Uranie* et le *Suffren*.

5e SÉRIE. — Etudes sur la tactique de combat.

1. — Note sur les qualités d'évolution des vaisseaux à hélice; expériences à faire pour les constater. (Avril 1860.)

2. — Etude historique sur le pointage et le tir des vaisseaux.

3. — Histoire technique des principaux combats de mer.

4. — Etude des évolutions et des manœuvres de combat, pour des bâtiments isolés.

5. — Etude des évolutions et des manœuvres de combat, pour des bâtiments réunis en escadres.

NOTA. — Les numéros qui ont paru sont marqués d'un astérisque.

MÉMOIRES ET NOTES

SUR L'EMPLOI DE

L'ARTILLERIE NAVALE.

MÉMOIRES ET NOTES

SUR L'EMPLOI DE

L'ARTILLERIE NAVALE

PAR

L. LEWAL, lieutenant de vaisseau.

TROISIÈME SÉRIE.

TIR A RICOCHET; TIR CONVERGENT; TIR PRÉCIPITÉ.

N° 2.

EXPOSITION DU SYSTÈME DU TIR CONVERGENT.

(AVRIL 1854.)

PUBLICATION AUTORISÉE PAR S. E. LE MINISTRE DE LA MARINE ET DES COLONIES.

PRIX :

TOULON,

TYPOGRAPHIE ET LITHOGRAPHIE D'E. AUREL, RUE DE L'ARSENAL, 13.

1862.

PRÉAMBULE.

———

Voici plus de deux années déjà que la question du tir convergent est à l'étude, et, depuis l'époque où, pour la première fois (1), ce problème fut proposé à la marine française, bien des efforts ont été faits, bien des solutions ont été présentées.

Soit par des mémoires particuliers, soit dans les rapports des commissions chargées d'étudier les solutions proposées, un grand nombre d'officiers de notre arme ont émis publiquement leur opinion à ce sujet ; des applications nombreuses ont été faites : il est donc temps d'examiner dans leur ensemble les idées qui ont surgi de cette longue discussion et de classer les résultats pratiques qu'on en a déduits.

Embarqué à bord de la frégate d'instruction l'*Uranie*, nous nous trouvons dans des conditions spéciales très-favorables pour entreprendre cet examen.

Nous avons assisté à la discussion des principes et à l'essai des solutions ; nous avons enregistré les résultats des expériences.

(1) Par M. le lieutenant de vaisseau de Jonquières, dans deux notes : la première, du 25 octobre 1851, intitulée : *Du pointage à bord des bâtiments de guerre* ; la deuxième, du 20 janvier 1852, intitulée de même.

Les mémoires signés des auteurs, les dépêches ministérielles qui en recommandent l'étude, les rapports des commissions, les notes du conseil des travaux, toutes les pièces du débat ont passé entre nos mains, et nous les avons sous les yeux en écrivant ce travail.

Nous espérons donc qu'il contribuera à éclairer l'opinion sur la valeur réelle d'un système qui a, selon la loi commune, ses enthousiastes et ses détracteurs.

Qu'est-ce que le tir convergent? Quel est son but, son usage? Ce sont là des questions qu'on entend faire encore chaque jour, et auxquelles on ne répond que vaguement.

Les questions seraient moins répétées, si les réponses étaient plus claires; mais elles sont loin de l'être, pour plusieurs raisons.

D'abord, le tir convergent, au début, s'est introduit avec la modestie qui convient aux nouveaux venus. Il a mitigé ses prétentions pour se faire accepter et n'a laissé soupçonner qu'une faible part de l'importance qu'il revendique aujourd'hui.

Ensuite, c'est que, pour comprendre la solution d'une question, de même que pour la résoudre, il faut une certaine application d'esprit, une certaine étude, qu'en général, on n'a pas encore appliquées à celle dont il s'agit ici.

Ce n'est pas à dire que le système du tir convergent soit compliqué, ou qu'il exige, pour être compris, de longs efforts d'intelligence.

Son mécanisme est simple, sa pratique facile, et, si son application judicieuse demande une certaine somme de connaissances et de réflexions, elles ne sont pas cependant d'un autre ordre que celles nécessaires au chef qui veut tirer un bon parti de l'artillerie de nos vaisseaux, dans son état actuel.

Nous savons que, jusqu'à présent, les documents ont manqué à la plupart des officiers pour asseoir un jugement à cet égard.

En réunissant des faits positifs, en exposant les méthodes proposées ou appliquées, ce travail comblera donc une lacune; il donnera un corps à la discussion; il fournira un point de départ à l'opinion et une base à son jugement.

Qu'on nous pardonne la manière absolue, tranchante même, dont nous présenterons le plus souvent les choses; elle est la forme naturelle des convictions profondes; d'ailleurs, elle appelle la critique dont les nouveautés ont toujours besoin; elle rend plus saillantes les vérités comme les erreurs, et enfin elle donne plus de clarté et plus de précision au discours.

BUT DU TIR CONVERGENT.

Mettre l'artillerie entière d'un vaisseau dans la main du capitaine, et, par sa direction unique et immédiate, augmenter énormément l'efficacité, l'à-propos et la certitude du tir ; tel est le but général du tir convergent.

Ce n'est pas là, nous l'avouons, la définition qu'on en donne d'ordinaire, mais elle sera suffisamment justifiée plus bas.

Nous dirons plus : si les principes du tir convergent n'ont pas encore pénétré dans la pratique, c'est qu'ils n'ont jamais été nettement formulés. C'est que les conditions du problème général renfermé sous les dénominations diverses de *tir horizontal, parallèle, au juger, anticipé, convergent...*, etc, .. ; n'ont pas été posées d'une façon assez précise ni assez large.

En général, les travaux qui sont venus à notre connaissance s'étendent peu sur cet article. Les uns ne voient pas toute la portée du nouveau mécanisme dont ils réclament l'introduction ; les autres l'entrevoient, mais semblent hésiter à s'en expliquer.

Il faut avoir le courage de son opinion, et, dût-on nous taxer de présomption, nous dirons catégoriquement la nôtre.

CONSIDÉRATIONS GÉNÉRALES.

I. — DE L'EMPLOI DE L'ARTILLERIE, CONSIDÉRÉE DANS SES RAPPORTS AVEC LA COMPOSITION ACTUELLE DES ESCADRES.

Dès les premiers développements donnés à la marine à vapeur, on a dit et répété : que les conditions des combats de mer étaient changées ; que l'élément nouveau devait amener une nouvelle manière de combattre ; mais cette nouvelle tactique, personne ne l'a encore développée ni définie.

On ne hasarde à ce sujet, que des hypothèses ou des doutes.

Oui, l'introduction de la marine à vapeur modifie les conditions de combat ; mais les change-t-elle essentiellement ?

Nous ne le croyons pas.

Qu'est-ce en effet qu'un vaisseau à vapeur ?

Considéré comme unité de combat, c'est un vaisseau semblable aux autres, avec ces différences :

1° Il a une vitesse propre assez considérable, tandis que celle des autres est moindre et toujours éventuelle ;

2° Il est doué complétement de la faculté d'évoluer, abstraction faite de la direction et de la force du vent, tandis que cette même faculté est conditionnelle pour les vaisseaux à voiles.

L'instrument est plus parfait, mais c'est le même instrument.

L'élément capricieux qui sert de champ de bataille ; la forme des vaisseaux à vapeur, forts par le travers, vulnérables par les extrémités ; la puissance intrinsèque du vaisseau à vapeur lui-même considéré comme unité de combat ; toutes ces conditions fondamentales, basées sur la nature même des choses, n'ont pas changé.

Sans doute, il n'y a plus de lignes fixes, dépendantes de la direction du vent, — celles du plus près, — marquant des points d'arrêt dans les évolutions ou leur imposant des limites, et pouvant, par cela même, servir de base aux combinaisons d'attaque et de défense.

Mais il n'en est pas moins vrai que la ligne de bataille actuelle, résultat de ces conditions fondamentales dont nous parlions, reste, en principe et comme plan général de combat, l'ordre le plus avantageux qu'on puisse adopter pour un engagement entre des armées navales.

A la mer, où l'on n'a rien derrière soi, pour se couvrir en cas d'échec, il faut créer une masse solide, un noyau résistant, pour servir de base aux opérations.

Nous ne disons pas que la ligne de bataille, suivie rigoureusement et exclusivement pour toute une armée, réunisse tous les avantages et satisfasse à toutes les nécessités ; mais ce doit toujours être la disposition du corps de bataille.

La vitesse, la faculté d'évolutions des vaisseaux à vapeur, permettent précisément de former et de conserver en ordre un corps de bataille rangé en ligne serrée, régulière et sans créneaux, muraille infranchissable, derrière laquelle se retireront les vaisseaux les plus maltraités, et dont l'abri permettra aux vaisseaux détachés de se replier, pour éviter le choc des forces supérieures ou pour réparer des avaries.

Loin de motiver le choix d'un autre mode de combat, les qualités des bâtiments à vapeur concourent donc, au contraire, à rendre meilleur l'ordre ancien ; et, par une réciprocité remarquable, ce même ordre est seul susceptible de donner une protection convenable aux opérations hardies et agressives auxquelles les bâtiments à vapeur à grande vitesse sont éminemment propres.

Ainsi, l'élément vapeur n'infirme en aucune façon les rares principes de tactique que l'expérience a sanctionnés ; et dans ce fait d'une escadre entière mue par la vapeur, nous ne voyons pas une question de tactique, mais bien une question d'artillerie.

L'instrument est plus parfait, avons-nous dit du vaisseau à vapeur ; donc, pour être en rapport avec ses qualités supérieures, la manière de l'employer peut et doit être perfectionnée.

Or il ne peut être question de perfectionner le maniement du vaisseau lui-même.

Il évolue mieux ; on en profite : il ne saurait y avoir là d'innovation.

Mais, c'en serait une nécessaire que de substituer à l'hésitation , à la lenteur, à l'incertitude, à la dispersion et à la faiblesse du tir actuel de l'artillerie, dans le combat, l'instantanéité, la certitude, la concentration et la puissance.

A la rapidité, à la sûreté des évolutions, il faut proportionner la rapidité et la précision du tir.

Parallèlement à la faculté de porter rapidement une masse de forces considérable sur un point donné d'une ligne, il faut se donner celle de porter instantanément une masse écrasante de feux sur une même portion de vaisseau.

Ce sont là des nécessités impérieuses, auxquelles satisferait, croyons-nous, l'emploi du système de tir que nous nous sommes donné la tâche d'exposer dans ce mémoire.

II. — VICES DU SYSTÈME ACTUEL.

La manière dont fonctionne l'artillerie des vaisseaux pendant le combat, telle qu'elle résulte des principes transmis par la tradition et appliqués aujourd'hui, ne comporte aucun moyen efficace de direction.

Le capitaine, maître absolu à bord de son vaisseau sous tout autre rapport, n'a qu'une autorité indirecte ou nominale sur son artillerie. Il ne peut la manœuvrer à son gré, elle lui échappe : c'est là un vice radical.

En laissant de côté, en effet, les feux de file, de sections, de divisions....., etc....., moyens puérils de varier les exercices et qui ne sont d'aucun usage dans le combat; il ne reste à la disposition du capitaine que deux modes d'emploi de l'artillerie : le feu de bordée et le feu à volonté.

Comme il n'existe aucun moyen de préparer ni de diriger un feu de bordée, on ne l'emploie pas, ou on l'envoie à bout portant.

C'est ce qui est arrivé dans les dernières guerres.

Quant au feu à volonté, dès que le capitaine a donné l'ordre d'ouvrir le feu, et indiqué à peu près les points sur lesquels on doit le diriger de préférence, il ne peut plus que le suspendre ou le reprendre ; mais il n'a pas la faculté de régler ses effets, de varier à propos son énergie, ou de contrôler son exécution.

Le chef de pièce gouverne sa pièce à son gré, sous la surveillance illusoire des chefs de batterie ; et, si cette indépendance, cette diversité d'action, de gens qui devraient concourir au même but, sous une autorité et une direction communes, n'amènent pas de conséquences trop fâcheuses lorsqu'on agit contre des murailles ou des villes, il n'en est pas de même dans les combats de vaisseau à vaisseau et surtout dans les combats d'escadres.

C'est une difficulté sérieuse pour le capitaine, que d'indiquer les points qu'il veut battre et où il faudrait porter rapidement une grande masse de fer.

Cette indication devient même impossible lorsque le moment favorable dure peu, comme il arrive fréquemment.

Les ordres se transmettent lentement et difficilement.

Les hommes pratiques savent combien il est malaisé de préciser les points qu'on voudrait battre ; et s'il est difficile de les indiquer clairement aux chefs de batterie, il est bien plus difficile et plus long pour ceux-ci de transmettre ces indications aux hommes.

La fumée est la condition, pour ainsi dire, normale de tout combat.

La persistance de cette fumée est un fait trop connu, trop souvent constaté, trop souvent cité par les ouvrages d'artillerie navale, pour qu'il soit besoin de justifier cette assertion.

Ces longues canonnades sans résultats, dont l'histoire nous offre tant d'exemples, doivent être attribuées, au moins autant à cette cause qu'au détestable système du tir à démâter.

Cependant nous rappellerons une épreuve toute récente faite par l'escadre sous les ordres de l'amiral Bruat.

Faisant route, par petite brise, sous les Baléares, l'amiral fit mettre l'escadre sur deux colonnes et simuler un combat entre les deux lignes à la distance d'environ deux encablures. Au bout de quelques minutes, la fumée était tellement intense, que, des batteries, on ne distinguait plus un point de la coque des vaisseaux ennemis, et rarement leur mâture.

Des témoins oculaires nous ont communiqué l'impression pénible qu'ils avaient éprouvée en constatant, une fois de plus, l'impuissance d'un vaisseau placé dans ces circonstances.

Cette impuissance est radicale et déplorable.

Nous le demandons, que peut faire un capitaine dans un semblable moment ?

Rien !

Il arrive donc que, dans la fumée, le chef de pièce tire sur le premier objet venu. Souvent la fumée l'empêche d'apercevoir aucun objet, et alors s'il a du sang-froid, il réserve son coup, et le feu se trouve ralenti ; s'il n'en a pas, il tire au hasard et consomme inutilement des munitions. On sait que ce dernier cas n'est pas rare, et les exercices à boulets en fournissent des preuves journalières.

Pendant ce temps, le capitaine voit le plus souvent la position de l'ennemi, il comprend qu'il est essentiel de faire un feu nourri ; il voit où il serait utile de diriger les coups ; mais il n'a pas de moyen de transmettre sa pensée ni de faire exécuter sa volonté.

Ainsi, deux alternatives pour le capitaine :

1° Laisser les munitions s'épuiser dans un feu à volonté, exécuté pour ainsi dire au hasard au milieu de la fumée ;

2° Tenter un feu de bordée à bout portant.

Mais, si le premier moyen ne satisfait pas un capitaine habile parce qu'il laisse tout à la fortune, le second doit toujours lui répugner.

Débuter par l'abordage, c'est jouer à pile ou face la destinée d'un vaisseau qui, avec de l'habileté de manœuvre, en profitant d'une bonne organisation et de circonstances favorables, aurait pu obtenir de grands avantages sur un ennemi égal en forces.

Agir ainsi, c'est faire bon marché de la science du chef, de l'instruction de l'équipage, de l'organisation du vaisseau, dès longtemps préparées ; toutes choses qui ont évidemment une valeur propre ; qui, bien employées, doivent mener à des résultats à peu près certains ; et dont on n'a que faire, si l'on choisit le fait brutal d'un combat corps à corps.

L'abordage est la combinaison unique et hasardeuse de l'intrépidité ignorante ; c'est aussi, il est vrai, une dernière ressource contre des forces disproportionnées ; mais ce ne sera pas la tactique de l'homme éclairé qui voit dans le combat autre chose qu'un échange de coups portés à armes égales, avec une égale brutalité.

A la mer, plus que partout ailleurs, c'est la valeur individuelle du chef qui détermine le succès.

A moyens égaux, à forces égales, tout doit donc concourir à favoriser l'action ou le développement de cette valeur individuelle.

Le capitaine doit pouvoir manier son artillerie entière avec facilité et promptitude. Un mot, un geste, doivent suffire pour la diriger où il lui plaît, pour varier continuellement et instantanément à son gré, sa direction et son énergie Il faut enfin que, dans le combat, il manie d'un bras son vaisseau et de l'autre son artillerie.

Eh bien, ces conditions nécessaires, le capitaine ne les trouve pas dans l'organisation actuelle.

III. — AVANTAGE D'UNE AUTRE MÉTHODE.

Supposons que, dans le combat, le capitaine ait à sa disposition un instrument, composé essentiellement d'une ligne de mire susceptible de prendre diverses directions et diverses inclinaisons par rapport à l'horizon ; directions et inclinaisons distinguées entre elles par des signes ou des numéros.

Supposons encore qu'au moyen de repères, convenablement disposés, où puisse donner, à volonté, à chaque pièce d'un vaisseau, des directions et des inclinaisons correspondantes à celles de l'instrument, et telles, que, pour une même direction, les feux de toutes les pièces concourent en un point unique, connu et choisi à l'avance.

Voici ce qui arrivera :

Pour porter instantanément le feu de son vaisseau sur un point donné, le capitaine n'aura plus à transmettre que deux signes ou numéros, un pour la direction, un pour l'inclinaison ; les mêmes pour toutes les pièces.

Cela fait, pendant tous les instants où il verra le point choisi par lui, au au bout de sa ligne de mire, il sera certain qu'en faisant un feu d'ensemble, tous les projectiles de sa bordée atteindront le point désigné, avec autant d'exactitude que si chaque chef de pièce, placé dans les meilleures circonstances, eût pointé sa pièce sur ce même point.

Dans ce cas, l'exécution matérielle du pointage est réduite à la plus grande simplicité, et l'exactitude du tir, uniforme pour toutes les pièces, ne dépend plus que du capitaine.

Celui-ci peut tirer sa bordée entière, ou batterie par batterie, ou par pièces paires ou impaires ; varier, en un mot, le jeu et l'énergie de son artillerie de toutes manières.

Chaque fois qu'il voit l'objet à battre au bout de la ligne de mire de son instrument, il est sûr que toutes ses pièces sont dirigées sur ce point et que celles qu'il tirera porteront dessus.

Soit qu'il choisisse, sur son instrument, la direction même de l'objet à battre, pour y faire diriger ses pièces, soit qu'il fasse diriger, à l'avance, ses pièces dans une direction quelconque, et qu'il amène par la manœuvre de son navire, cette direction choisie, sur l'objet à battre, il peut envoyer un feu de bordée au moment favorable, où, si ce moment se prolonge, exécuter un feu à volonté, ce sera toujours avec certitude.

C'est à lui, par le choix de la direction dans laquelle il veut combattre, et par la manœuvre de son navire, eu égard aux milles circonstances de temps de mer et de position, à ramener à propos ce moment favorable, à le saisir ou à en prolonger la durée.

Le mécanisme qui permet d'atteindre ce résultat a donc un admirable effet.

Il restitue au capitaine toute la supériorité que doivent lui assurer sa science, son habileté de manœuvre, sa connaissance de l'artillerie.

Il lui permet d'utiliser complétement les forces vives de son vaisseau, l'instruction et la bonne organisation de son équipage.

Il met dans sa main toute la puissance collective de ses bouches à feu réunies, qu'il tire, pour ainsi dire, lui-même, avec certitude de frapper droit au but, et de jeter à la fois une masse écrasante de fer et de projectiles explosibles ou incendiaires, sur le point qu'il juge utile de choisir.

Dès lors, dans la marine comme dans l'armée, la pensée du chef, pour se traduire en fait, n'a plus besoin d'autre intermédiaire que quelques signes conventionnels fort simples.

Comme dans l'armée aussi, un petit nombre de mouvements réguliers, mécaniques, pour ainsi dire, suffisent à toutes les nécessités du combat.

L'habileté des hommes consiste à les accomplir avec précision et promptitude, et tous concourent forcément, sûrement et uniquement, à l'exécution de la volonté du chef.

Il y a là plus qu'un détail d'organisation, plus qu'un mécanisme ingénieux ; il y a tout un système de combat.

Le tir convergent, appliqué avec intelligence, est une arme terrible, aussi souple qu'efficace, et la nation qui l'emploiera la première obtiendra nécessairement un avantage décisif sur un ennemi qui en serait dépourvu.

Ce système est créé chez nous ; nous connaissons ses secrets et ses ressources ; des faits positifs, des épreuves multipliées, ont mis en lumière ses propriétés formidables.

On peut le dire hautement, il n'y a guère de circonstances du combat où son emploi ne soit avantageux.

Il ne nécessite pour personne de nouvelles études ; il ne change rien, ni au matériel d'artillerie, ni à l'organisation intérieure des vaisseaux.

Il permet de lancer avec certitude, dans un temps donné, un nombre de projectiles à peu près double de celui qu'on lance avec tant de chances d'erreur dans un feu à volonté précipité.

Il assure l'efficacité du feu de bordée, exécuté à distance : avantage inappréciable.

Enfin, répétons-le, par son emploi, le capitaine gouverne réellement son artillerie comme son vaisseau, c'est-à-dire d'une façon absolue et complète.

L'obéissance des canons à ses ordres devient même plus prompte et plus entière que celle de la barre, de la machine et des voiles.

On ne peut prévoir ce qu'un homme de science, d'intrépidité et de sang-froid, commandant un vaisseau à vapeur dont l'artillerie serait ainsi organisée et dirigée, pourrait accomplir, avec l'agilité de ses mille chevaux et la puissance de ses cent canons.

Grâce à de nombreux travaux et à des efforts persévérants, le système du tir convergent est arrivé aujourd'hui à un état de maturité pratique qui permet d'attendre, de son application générale et immédiate, les résultats les plus avantageux.

Déjà l'amiral Bruat sur le *Montebello*, l'amiral Du Quesne sur l'*Iphigénie*, tout récemment l'amiral Charner sur le *Napoléon*, ont appliqué le système dit de l'*Uranie*, qui fonctionne depuis un an sur cette frégate.

L'amiral Hamelin a pris, dans son escadre, l'initiative d'un ordre qui enjoint à tous les vaisseaux d'être en mesure d'exécuter des feux convergents, tout en laissant à chaque capitaine le choix du procédé.

Malheureusement, soit faute de ressources, soit ignorance des travaux de la frégate d'instruction, les vaisseaux de l'escadre de la mer Noire ne sont installés que fort imparfaitement, et pour la plupart selon des systèmes peu susceptibles de fournir des résultats pratiques importants.

Le système dit de l'*Uranie* est non-seulement supérieur à ces derniers, mais encore il est le seul vraiment complet ; le seul qui ait pu résister à la double épreuve d'uu examen approfondi et d'une application pratique sérieuse.

Dans les circonstances actuelles il est donc urgent d'en pourvoir tous les vaisseaux d'une manière uniforme et régulière.

Le système de l'*Uranie* ne fût-il même pas aussi parfait que nous le croyons, nous n'en demanderions pas moins l'adoption immédiate, en répétant avec M. le général Paixhans : « Il ne se ferait jamais rien d'utile, si « l'on avait la présomption de ne vouloir produire que des choses parfaites (1). »

Nous nous bornerons ici, à une exposition dogmatique, sans discussion ni digression, du système du tir convergent adopté définitivement par la commission d'expériences de la frégate l'*Uranie*, après dix-huit mois d'épreuves et de laborieuses recherches (2).

(1) Nouvelle force maritime, — discours préliminaire, p. 9.

(2) A l'époque des premières applications, la commission d'expériences de la frégate d'instruction se composait de MM. Jurien de la Gravière, capitaine de vaisseau, président ; Dieudonné, capitaine de frégate ; Miquel, Allemand, Majastre Garnault, de Champeaux, de Marivault, lieutenants de vaisseau ; Alexandre, capitaine d'artillerie de marine.

A l'époque des dernières modifications, cette commission se composait de MM. Chopart, capitaine de vaisseau, président ; Passama, capitaine de frégate ; de Viry de Champeaux, Vicary, de Marivault, Serrus, lieutenants de vaisseau ; Lewal, enseigne de vaisseau.

On comprend que ce système est l'œuvre collective d'un grand nombre d'officiers. Dans un autre travail, nous nous promettons de faire à chacun la part de mérite qui lui revient dans l'organisation du tir convergent.

Ici l'espace nous manque et nous ne nommerons personne en particulier.

Dans l'exposition, nous suivrons, autant que possible, le plan et le texte de l'excellent mémoire rédigé, en septembre 1843, par une commission d'officiers de l'*Uranie*, chargée d'organiser le tir convergent à bord du vaisseau le *Montebello* (1).

C'est le document le plus complet qui ait été écrit, jusqu'à présent, sur cette matière.

Nous y introduirons les dernières modifications relatives au procédé pratique du pointage en direction.

Ce procédé est basé sur une idée première de M. le capitaine de vaisseau de Gueydon, modifiée très-judicieusement par le conseil des travaux.

Indépendamment de sa supériorité marquée sur tous les autres moyens de pointage en direction, il a acquis une véritable importance par la manière ingénieuse dont M. le capitaine de vaisseau Chopart, commandant de la frégate d'instruction, a réglé son application.

Il a été adopté en mars 1854, par la commission d'expériences de l'*Uranie*, à l'exclusion de tout autre.

Il simplifie notablement le matériel nécessaire à l'exécution du tir convergent, qui ne comporte plus actuellement, pour un bâtiment quelconque, que les objets suivants :

Deux instruments indicateurs ; et, pour chaque pièce, trois règles en bois munies chacune d'une boîte ou douille en cuivre.

Ce procédé permet, en outre, de faire varier la distance des foyers de convergence, système qui, d'après les opinions exprimées en dehors des travaux de l'*Uranie*, l'a toujours emporté sur celui qui ne comporte qu'une convergence à distance fixe.

Nous indiquerons aussi une modification de détail, qui a pour objet de simplifier le pied de l'instrument indicateur. Elle rend la confection de ce dernier plus facile, moins dispendieuse, et diminue les difficultés de la mise en place de l'instrument lui-même.

(1) Cette commission était composée de MM. Allemand, de Champeaux, lieutenants de vaisseau; Bouju, Lewal, enseignes de vaisseau.

EXPOSITION.

PREMIÈRE PARTIE.

COUP D'ŒIL D'ENSEMBLE SUR LA THÉORIE ET SUR LE MÉCANISME
DU TIR CONVERGENT.

DÉFINITIONS.

Foyer.

On nomme foyer de convergence tout point sur lequel on dirige en même
temps les lignes de mire d'un certain nombre de pièces (1).

Arc de convergence.

L'arc de convergence est l'arc décrit, du milieu de l'espace occupé par les
pièces comme centre, avec un rayon égal à la distance du foyer. Un arc de
convergence est donc aussi le lieu de tous les foyers situés à égale distance
du bâtiment considéré.

L'étendue de l'arc de convergence est celle du champ de tir horizontal
commun à toutes les pièces qu'on considère. La longueur de l'arc exprime
en degrés la mesure de ce champ de tir

Champ de tir.

L'étendue du champ de tir lui-même est déterminée par l'angle que font
entre elles la ligne de chasse de la pièce la plus arrière et la ligne de chasse
de la pièce la plus avant.

Cet angle est compris entre 50° et 60° pour tous les bâtiments de ligne.

(1) Il serait plus logique de l'appeler foyer de concentration, lorsque les lignes
de mire des pièces y doivent concourir, non-seulement en direction, mais aussi en
hauteur.

I. — APERÇU DE LA SOLUTION DU PROBLÈME,

Convergence.

« Disons en peu de mots comment on arrive à diriger un feu de bordée (1). »

« En direction, il faut que toutes les pièces visent au milieu de la longueur « du but à battre, afin d'atténuer, le plus possible, l'effet des erreurs de » pointage et des déviations latérales.

» De là, sans doute, est née l'idée de convergence des feux.

Concentration.

» En hauteur, il faut généralement viser à la flottaison, afin d'atténuer le » plus possible, l'effet des erreurs de pointage et des déviations verticales,

» De cette condition, unie à la première, est résultée l'idée de concentra-» tion des feux.

Pièce directrice.

» Or, théoriquement, dès qu'une pièce est pointée exactement sur le but, » qu'on connaît sa direction, son inclinaison et son élévation au-dessus de » l'eau, la position du point visé est déterminée, et la direction ainsi que » l'inclinaison de toutes les autres pièces peuvent se déduire de celles de la » première, qu'on nomme alors pièce directrice. »

Il suffit pour cela d'établir des repères qui permettent de mesurer, à un instant donné, la direction et l'inclinaison de toutes les pièces. On n'aura plus alors qu'à donner à chaque pièce une inclinaison et une direction correspondantes à celles qui conviennent à la pièce directrice et qu'on aura observées sur cette pièce elle-même.

Instrument indicateur.

« De là à imaginer un instrument maniable pour remplacer la pièce » directrice et fournir les mêmes indications que celle-ci, il n'y a qu'un pas. » Si l'on donne alors aux pièces une inclinaison correspondante à celle

(1) Les passages compris entre des » sont extraits du mémoire cité plus haut.

» marquée par l'instrument, si on les place sur les repères qui correspondent
» à une direction indiquée par l'instrument, et si enfin on amène, par un mou-
» vement du bâtiment lui-même, cette direction sur un objet quelconque, il
» est certain que toutes les pièces se trouveront pointées sur cet objet, que
» leurs feux formeront un faisceau convergent au centre du but, et qu'ils
» reproduiront au-delà un faisceau divergent symétrique du faisceau primitif.

» Les conditions d'établissement du système peuvent donc se résumer
» ainsi :

» 1° Placer à bord, près du capitaine un instrument susceptible de mesurer
» la direction par rapport à la quille et l'inclinaison à l'horizon d'une ligne
» de mire passant par l'objet visé.

» 2° Établir, sur les ponts, des repères qui permettent de placer facile-
» ment les pièces dans une direction correspondante à celle qui est indiquée
» par l'instrument, c'est-à-dire qui fasse concourir leur ligne de mire au
» point visé avec la ligne de mire de l'instrument.

» 3° Établir sur les affûts des repères qui permettent de donner facile-
» lement aux pièces une inclinaison correspondante à celle de l'instrument,
» c'est-à-dire qui fasse concourir leur ligne de mire au point visé avec la
» ligne de mire de l'instrument.

» La solution complète de ces questions ainsi que les moyens d'organisa-
» tion, de direction et d'exécution du tir convergent, vérifiés ou modifiés
» par de nombreux essais et des expériences récentes, vont être développés
» dans cette instruction. »

II. — DESCRIPTION SOMMAIRE DES INSTRUMENTS EMPLOYÉS.
INSTRUMENT INDICATEUR.

§ 1. L'instrument indicateur (pl. 3), se place sur la dunette, près du banc
de quart. Lorsqu'on doit s'en servir, on le fixe dans une position stable.

Il se compose essentiellement de trois parties : le plateau, l'alidade coudée
et le montant mobile.

Plateau.

§ 2. Le plateau est circulaire et en bois. On trace sur sa surface un
secteur qui représente le champ de tir latéral commun à toutes les pièces
du bâtiment considéré.

Ce secteur est la somme de deux angles : 1° l'angle que peuvent faire, en chasse, toutes les pièces de la bordée réunies ; 2° l'angle qu'elles peuvent faire en retraite.

Il est divisé en cinq parties égales donnant six directions tracées sur le plateau (voir, § 88, la manière d'obtenir ces directions).

Direction des foyers.

§ 3. Les foyers de convergence sont toujours supposés placés à diverses distances dans ces six directions.

Le champ de tir total de la bordée d'un vaisseau étant de 55° environ, l'intervalle entre deux directions consécutives sera, en moyenne, de $\frac{55°}{5} = 11°$, c'est-à-dire un quart du compas.

Quelle que soit donc la route courue par le bâtiment, il n'aura jamais besoin d'embarder de plus d'un demi-quart pour amener une des directions de l'instrument sur un objet placé dans son champ de tir.

Désignation des directions.

§ 4. Trois de ces lignes ou directions sont dirigées sur l'avant du travers ou en chasse, les trois autres sont dirigées sur l'arrière du travers, ou en retraite.

Ligne de chasse.

Chaque ligne de chasse est distinguée par un disque métallique de couleur particulière (pl. 3), dont elle prend le nom.

Ainsi, la première ligne sur l'avant du travers se nomme :

Blanc en chasse.

La deuxième, jaune en chasse ;

La troisième, rouge en chasse.

Ligne de retraite.

Il en est de même des lignes de retraite ; elles ont la même couleur et le même nom que leur symétrique en chasse.

La première sur l'arrière du travers se nomme :
Blanc en retraite.
La deuxième, jaune en retraite;
La troisième, rouge en retraite (1).
Quel que soit le nombre des distances auxquelles on juge à propos de choisir des foyers, on place toujours ces derniers dans les mêmes directions, afin de ne pas compliquer l'instrument.

Alidade.

§ 5. Une alidade, adaptée sur pivot au centre du plateau de l'instrument, peut se fixer dans les six directions précitées.

Montant fixe ou masse de mire.

Le bout antérieur de cette alidade, coudé à angle droit, forme un montant, dit montant fixe ou masse de mire, qui se termine par un guidon ou point de mire (pl. 3 et 4).

Ligne de mire naturelle.

La ligne menée dans le plan de l'alidade et parallèlement au plateau, par le sommet du guidon, est dite ligne de mire naturelle de l'instrument.

Montant mobile.

L'autre extrémité de l'alidade porte un second montant mobile dans une boite où on peut le fixer au moyen d'une vis de pression.

Curseur.

Sur ce montant mobile, glisse un index ou curseur (pl. 4), pouvant aussi se fixer par une vis de pression, et muni, en son milieu, d'un cran de mire.

(1) Cette notation est loin d'être sans importance dans la pratique. Elle est passée dans le langage usuel, à bord de la frégate d'instruction. Elle est familière à tous les chefs de pièce brevetés depuis un an. Pour eux, les mots blanc, jaune, rouge, représentent clairement des directions obliques disposées d'une certaine façon fixe par rapport à la quille, qu'il est impossible de confondre, et dont il serait difficile de leur donner idée autrement.

Ligne de mire.

Toute ligne qui passe par le fond du cran du curseur et le sommet du guidon de la masse de mire est appelée ligne de mire de l'instrument.

Mesure de la bande.

§ 6. Le montant mobile (pl. 4) porte une échelle dont les divisions, graduées d'une manière convenable, représentent des degrés.

Le zéro de cette échelle se trouve au-dessus du plateau de l'instrument, exactement à la même hauteur que le sommet du guidon de la masse de mire.

Ainsi, lorsque le curseur est à zéro, la ligne de mire de l'instrument (pl. 3) est parallèle au plateau.

« Le plateau de l'instrument étant horizontal, quand le navire est droit, » cette ligne est alors dirigée sur l'horizon, c'est-à-dire horizontale. Si le » navire s'incline de deux ou trois degrés sur un bord ou sur l'autre, cette » ligne s'inclinera de deux ou trois degrés dans le même sens. »

Si, pendant que le navire est incliné, on abaisse ou on élève le curseur, de façon à ramener la ligne de mire à l'horizon, en un mot de manière à voir l'horizon au bout de la ligne de mire, et qu'on le fixe en ce point, la distance dont il se sera écarté du zéro de l'échelle exprimera en degrés la bande du bâtiment à cet instant (1).

La direction et l'inclinaison relatives à l'horizon, suffisant pour déterminer la position d'un point (voir § 33), celle du foyer se trouve ainsi déterminée par le moyen de l'instrument.

POINTAGE EN HAUTEUR. — RÈGLE DE POINTAGE.

Décomposition du pointage en hauteur.

§ 7. Une pièce munie d'une hausse et d'une masse de mire a sa ligne de mire horizontale; elle est placée, par exemple, dans la deuxième batterie

---

(1) Le curseur aura marché évidemment d'une quantité égale à la tangente de l'angle de la bande, tangente calculée avec un rayon égal à la distance du sommet du guidon au zéro de l'échelle. Cette tangente est portée sur le montant mobile pour les angles de bande de degré en degré (§ 62).

d'un vaisseau, il s'agit de la pointer sur un but placé à même hauteur et que nous supposons éloigné de deux encablures.

Le chef de pièce place sa hausse au deuxième cran et laisse tomber sa culasse jusqu'à ce que sa nouvelle ligne de mire soit horizontale.

Si, en ce moment, on lui dit de pointer à la même distance, mais à la surface de la mer, il élève la culasse pour incliner sa ligne de mire vers ce nouveau but,

Si, enfin, le navire s'incline du côté du but à battre, le chef de pièce devra laisser tomber sa culasse pour ramener la ligne de mire sur le but. Le navire s'inclinant du côté opposé, il devrait au contraire élever la culasse.

C'est-à-dire que : 1• l'éloignement de l'objet à battre, ou la hausse qui y correspond, ou l'angle de projection qu'il nécessite, ont pour effet de faire abaisser la culasse ;

2° La différence de niveau entre la pièce et l'objet à battre, ou la dépression, a pour effet de faire élever la culasse (1) ;

3° L'inclinaison du navire, ou la bande, a pour effet de faire abaisser ou élever la culasse selon qu'elle a lieu du côté de l'objet visé ou du côté opposé.

Ces trois effets dus à la distance du but, à la dépression et à la bande du bâtiment, il faut les produire artificiellement pour diriger une pièce exactement sur un point connu, mais invisible.

Règle.

§ 8. La règle de pointage (pl. 5) remplit ces conditions.

Elle se compose d'une tige en bois, à section rectangulaire, qui glisse dans une boîte en bronze de même forme, laquelle peut se fixer à la tige par une vis de pression.

Le pied de la règle est gradué comme le curseur des hausses actuelles.

La partie supérieure porte une graduation relative à la bande.

Hausse.

§ 9. La partie graduée du pied de la règle se nomme hausse.

(1) Dans les applications du tir convergent, une pièce a rarement occasion de tirer sur un point plus élevé qu'elle-même ; on admet donc ici que le but est toujours plus bas que la pièce qui tire. Pour les cas où cela n'a pas lieu, voir (§ 20) l'artifice employé pour rentrer dans l'hypothèse précédente.

La graduation de cette hausse est déduite des principes suivants :

Graduation relative à la distance de l'objet visé et à l'élévation de la pièce qui tire.

« Pour atteindre à une distance donnée, il faut abaisser la culasse d'une
» quantité A ; mais la pièce étant toujours supposée dirigée à la flottaison
» du navire ennemi ou du but (1), il faut élever la culasse d'une quantité B,
» qui dépend de l'élévation de la pièce qui tire, et de la distance à laquelle
» elle tire. La différence A—B de ces deux quantités indique s'il faut élever
» ou abaisser la culasse. »

C'est cette quantité qui est portée sur les règles , pour chaque charge et chaque espèce de projectiles, d'encablure en encablure , à partir d'un zéro choisi arbitrairement près du pied (Voir pl. 5).

Graduation relative à la bande.

§ 10. Le pied de la règle étant dans sa boîte, le point zéro de la hausse affleurant la tranche supérieure de la boîte, et la règle ainsi disposée étant placée verticalement sur le premier adent de droite de l'affût (2), en outre, le bâtiment étant droit et l'axe de la pièce horizontal, on a pris pour zéro de l'échelle de la bande le point de la règle qui coïncide avec le trait gravé actuellement sur le côté droit de la plate-bande de culasse ou de la culasse de toutes les bouches à feu de la marine.

Au-dessus et au-dessous de ce point on a tracé un certain nombre de divisions de grandeur convenable pour représenter des degrés de bande ou d'inclinaisons de la pièce. (Voir comment on obtient ces divisions).

Ainsi, si l'on place la règle dans la même position que précédemment, sa hausse à zéro ; si le trait de la plate-bande de culasse est mis à toucher le deuxième cran de la règle, au-dessus du zéro de l'échelle de la bande, et que le bâtiment incline de deux degrés du côté opposé à la pièce, l'axe de la pièce sera horizontal.

(1) Comme on l'a déjà fait remarquer, il est commode d'admettre en principe que les feux de toutes les pièces doivent être concentrés sur le milieu de la flottaison du navire ennemi.

(2) Voir pour la position que doit occuper sur l'affût le pied de la règle,

Si l'on enfonce la règle dans sa boîte jusqu'au deuxième cran de la hausse, et qu'on mette le trait de la plate-bande de culasse à toucher le même cran que précédemment, la pièce sera dirigée sur la flottaison d'un bâtiment placé à deux encablures.

La règle, ainsi composée, reproduit donc complétement les circonstances du pointage en hauteur.

Nota. On voit aussi qu'une pièce quelconque munie d'une règle peut, si elle aperçoit l'horizon, mesurer la bande aussi bien que l'instrument indicateur ; on comprend que ce dernier n'est, à proprement parler, qu'une pièce réduite à ses lignes essentielles, ligne de tir et ligne de mire.

POINTAGE EN DIRECTION. — RÈGLE DE QUEUE DE FLASQUE.

Principe de direction.

§ 11. Le seul procédé simple et exact pour placer une pièce dans une direction donnée, consiste à mettre une ligne fixe de la pièce ou de son affût en coïncidence ou en parallélisme avec une ligne fixe tracée sur le pont.

Règle.

A cet effet, chaque queue de flasque est munie extérieurement d'une règle en bois, mobile dans une douille en cuivre adaptée au flasque (pl. 6).

La règle peut être fixée dans sa douille par une vis de pression.

Dans son mouvement, cette règle reste parallèle au pont.

Elle est terminée pas un bouton en cuivre.

Cordon de pointage.

Un cordon est tendu sur l'arrière de l'affût, de l'un à l'autre des boutons des deux règles.

Ligne de repère.

A peu près à l'aplomb de la queue de l'affût est tracée, sur le pont, une ligne ou couture brayée parallèle à la quille.

Graduation des règles.

§ 12. La pièce étant pointée dans une direction connue, une de celles indiquées par l'instrument par exemple, on fixe l'une des règles dans sa douille, son bouton seul débordant la face arrière du flasque.

On tire l'autre règle jusqu'à ce que le cordon soit dans le même plan que la ligne tracée sur le pont, c'est-à-dire jusqu'à ce qu'on voie ces deux lignes l'une par l'autre.

On marque alors sur la règle au ras de la douille en cuivre une coche ou cran.

Ainsi, quelle que soit, plus tard, la position de la pièce, pour la remettre dans la même direction, il suffira de tirer la règle en question jusqu'au cran et d'amener, par un mouvement de la pièce, le cordon dans le même plan que la ligne du pont.

Conventions.

§ 13. Les deux règles de pointage en direction sont graduées sur trois de leurs faces par le procédé pratique que nous venons d'indiquer.

Elles portent des crans qui répondent à chacune des directions des foyers de convergence marqués sur l'instrument indicateur.

Chaque face correspond aux foyers placés à une même distance du bâtiment, c'est-à-dire sur le même arc de convergence.

Une des règles, celle l'arrière de l'affût, répond aux trois directions en chasse.

L'autre, celle de l'avant de l'affût, répond aux trois directions en retraite.

Les règles ayant quatre faces, on peut les graduer pour quatre distances différentes.

Distances choisies pour les foyers.

§ 14. Pour la graduation des règles, on a adopté les distances suivantes :

400 mètres ou deux encablures, face supérieure des règles.
600————trois————————extérieure————.
800————quatre————————inférieure————
75————————————————intérieure————

Cette dernière distance est celle d'un foyer établi dans une direction unique, précisément par le travers du bâtiment. C'est sur ce foyer que doit être établie la concentration des feux, lorsqu'on doit défiler rapidement près du but; quand, par exemple, on veut passer à poupe d'un bâtiment pour lui envoyer une bordée d'enfilade.

III. — PRÉPARATION ET EXÉCUTION DU FEU.

Préparation.

§ 15. Le capitaine choisit la direction dans laquelle il veut envoyer le coup, et la distance à laquelle il veut concentrer les feux ; puis il commande:

A (telle) distance dans (telle) direction, pointez.

Il mesure la bande si elle est fixe ; si elle est variable, il choisit la bande moyenne, puis il commande :

Pour (telle) charge, à (tant) d'encablures, (tant) de degrés de bande, pointez.

Exécution.

Le pointage étant terminé, le capitaine fait embarder son navire jusqu'à ce que ce mouvement amène la ligne de mire de l'instrument dans la direction de l'objet à battre (1). Il attend que le mouvement de roulis amène la ligne de mire à la hauteur (2) où il veut tirer (3).

Dès qu'il voit ce moment près d'arriver, il donne le signal du feu (4).

Comme on le voit, c'est l'opération simple que tout chef de pièce exécute pour envoyer un seul coup de canon.

IV. — OBSERVATIONS.

PREMIÈRE OBSERVATION.

§ 16. De l'explication sommaire, donnée plus haut, du jeu de l'instrument indicateur, il résulte qu'au moment où toutes les pièces sont pointées

---

(1) S'il fait calme et que le bâtiment soit immobile, il est évident que le capitaine aura choisi d'avance la direction même de l'ennemi, et qu'il n'aura pas besoin d'embarder.

(2) Si la bande est fixe ou si le navire est immobile, il est évident que le capitaine aura choisi d'avance la hauteur convenable, et qu'il n'aura pas besoin d'attendre.

(3) Voir la première observation § 16.

(4) Voir comment se donne ce signal.

exactement en hauteur et en direction sur un même foyer de convergence, la ligne de mire de l'instrument, dirigée également vers ce même point, est pointée en hauteur sur l'horizon même.

On a pensé avec raison qu'il valait mieux que cette ligne fût dirigée exactement sur le foyer ou sur le point de l'objet à battre où sont pointées les pièces elles-mêmes.

La partie inférieure du montant mobile (pl. 4), nommée queue ou hausse, produit ce résultat.

Queue ou hausse.

§ 17. Cette queue est graduée de 100 mètres en 100 mètres (1), de telle sorte que, le bâtiment étant droit et la ligne de mire de l'instrument étant horizontale, si l'on élève la queue jusqu'au cran marqué 600 mètres, par exemple, la ligne de mire se trouvera dirigée sur la flottaison d'un vaisseau placé à 600 mètres (2).

Seconde manière de mesurer la bande.

§ 18. Cette disposition a permis de suppléer facilement à l'absence de l'horizon lors de la mesure de la bande.

Si le capitaine ne voit pas l'horizon, il élève le montant mobile jusqu'à la graduation de la queue qui correspond à la distance du bâtiment ou de l'objet qu'il a en vue ; puis, élévant ou abaissant le curseur, il dirige la ligne de mire sur la flottaison de cet objet.

A ce moment, la distance du curseur au zéro de l'échelle exprime le nombre de degrés de bande.

Ligne de mire artificielle.

Cette faculté d'obtenir, avec l'instrument, des lignes de mire artificielles, toujours dirigées sur l'objet à battre, complète l'analogie que nous avons fait remarquer entre l'instrument et la pièce directrice.

(1) Voir comment on obtient la graduation de la queue.

(2) L'observation qui précède eût été plus naturellement placée dans la description même de l'indicateur ; mais nous en avons écarté tous les détails, pour faire saisir en peu de mots l'ensemble du mécanisme du système.

Remarque.

§ 19. Remarquons que l'erreur commise dans l'appréciation ou la mesure de la bande n'a aucune influence sur le tir.

En effet, la ligne de mire de l'instrument et celle des pièces sont dirigées sur le même point, et le capitaine n'ordonne le feu qu'au moment où sa ligne de mire est dirigée sur le point du bâtiment ennemi qu'il veut battre.

Deuxième remarque.

§ 20. C'est encore la disposition indiquée (§§ 16 et 17), qui a permis d'admettre en principe que le feu des pièces doit toujours être concentré sur la flottaison d'un bâtiment ennemi.

Dans le cas où l'état de la mer ne permet pas de profiter des ricochets, le capitaine attend, pour faire feu, que le mouvement de roulis du navire amène sa ligne de mire à la hauteur du milieu de l'objet visé.

Si le navire est immobile, il dirige d'abord sa ligne de mire à mi-hauteur de l'objet visé, et l'indication de la bande se trouve, par ce fait même, modifiée d'une manière convenable pour que les lignes de mire des pièces soient dirigées sur le même point.

Dans ce cas donc, l'instrument indicateur ne mesure pas précisément la bande du bâtiment ; mais, ce qui est plus essentiel, il mesure l'inclinaison que doivent avoir les lignes de mire des pièces pour être dirigées sur un point choisi de l'objet à battre.

DEUXIÈME OBSERVATION

§ 21. On a pensé encore que la flottaison, aussi bien que l'horizon peut être cachée plus ou moins longtemps pendant le combat, et que, dans ce cas, il peut arriver qu'on aperçoive quelques parties de la mâture de l'ennemi.

Chapeau.

Pour ces circonstances exceptionnelles on a gradué une pièce mobile, nommée chapeau (pl. 4), qui s'adapte au montant fixe ou masse de mire. Le chapeau glisse à frottement sur ce dernier et peut se fixer par une vis de pression.

Le chapeau est gradué de 100 mètres en 100 mètres (Voir la graduation du chapeau).

Il joue, par rapport aux points à battre situés au-dessus du plan de l'instrument indicateur, le même rôle que la queue, relativement aux points placés au-dessous.

On s'en sert de la même manière pour mesurer la bande (Voir § 22).

Le chapeau, ayant cinq faces, pourrait être gradué facilement pour six points différents. On s'est borné à le graduer pour la hauteur de la grande hune et pour celle des barres de grand perroquet du bâtiment ennemi, supposé être un vaisseau de ligne. (Voir la table de graduation du chapeau.)

Mesure de la bande.

§ 22. Pour mesurer la bande lorsqu'on ne distingue ni l'horizon, ni la flottaison du but ; on place, à la hauteur de la base du guidon (1), le cran du chapeau qui répond à la distance de l'ennemi et au point de sa mâture qu'on peut apercevoir : les barres par exemple :

On élève ou on abaisse le curseur de manière à amener la ligne de mire de l'instrument sur les barres de grand perroquet de l'ennemi ; et la distance du curseur au zéro de l'échelle donne la bande.

Seulement, dans ce cas, le capitaine devra envoyer le coup au moment où les mouvements de roulis ramèneront sa ligne de mire sur les barres de l'ennemi.

TROISIÈME OBSERVATION.

§ 23. La queue ou le chapeau doivent toujours être placés au cran qui répond à la distance réelle de l'ennemi et non à celle du foyer de convergence choisi par le capitaine.

Il peut entrer en effet dans les vues du capitaine de placer l'ennemi en dedans ou en dehors du foyer.

La même observation s'applique également aux pièces.

(1) Cette base, qui sert aussi de sommet au montant fixe (voir pl. 4.), est taillée carrément à cet effet, et c'est l'arête vive de ce plan qui sert d'index pour la graduation du chapeau.

Dans le pointage en direction, qui précède toujours le pointage en hauteur, le chef de pièce emploie celle des faces de la règle de queue de flasque qui répond à la distance du foyer, indiquée par le capitaine.

Dans le pointage en hauteur, il place la hausse de la règle de pointage au cran qui répond à la distance réelle de l'ennemi, indiquée, comme il est d'usage, par le capitaine.

Il en résulte qu'alors la convergence en hauteur n'a plus lieu au même point que la convergence en direction.

§ 24. L'utilité de cette disposition s'explique ainsi :

1° Les erreurs en hauteur ont une influence, relativement plus grande, sur les effets du tir, que les erreurs en direction, puisque la hauteur d'un vaisseau est de 10 mètres au plus, tandis que sa longueur est de 50 à 70 mètres (1).

2° Le faisceau convergent et le faisceau divergent en hauteur ne peuvent être considérés comme symétriques qu'à une petite distance du foyer ; il faut donc que le but à battre soit rapproché, autant que possible, du foyer du faisceau en hauteur (2).

QUATRIÈME OBSERVATION.

§ 25. On voit quel rôle capital joue l'instrument indicateur dans le mécanisme du tir convergent.

Sans un bon instrument, bien manié, le feu de bordée est impossible.

On peut dire que, de tous ceux qui ont été proposés dans le même but, celui décrit précédemment est le seul qui supporte l'examen (3).

Disons, en passant, que les conditions d'exécution du feu de bordée sont si peu connues, et l'utilité de l'instrument, si peu comprise, que plusieurs des systèmes proposés n'en comportent même pas.

(1) Plus on est près du foyer, plus les feux sont concentrés. (Voir V, ci-après).

(2) Au delà du foyer, les trajectoires prennent des courbures plus prononcées, et la dispersion augmente dans un rapport plus grand que la distance du foyer, contrairement à ce qui a lieu pour le pointage en direction. (Voir V, ci-après.)

(3) Cet excellent instrument, qui présente, d'ailleurs, quelque analogie avec celui du commander Jerningham, est dû à MM. Garnault, lieutenant de vaisseau et Alexandre, capitaine d'artillerie de la marine (mars 1853).

Sans le considérer relativement au tir convergent, l'indicateur a l'avantage de mettre constamment sous les yeux du capitaine le champ de tir du bâtiment.

Tout objet, relevé en dedans des lignes rouges, est découvert par les batteries.

Les batteries ne découvrent pas un objet placé en dehors de ces lignes.

C'est là tout ce dont on a besoin pour le combat (1).

En graduant le limbe de l'indicateur on en fait un instrument de relèvement fort commode (2).

Sur chaque ligne de convergence on inscrit le nombre de pièces qui battent dans cette direction (pl. 3).

CINQUIÈME OBSERVATION.

§ 26. Le capitaine a trop à faire, dans un combat, pour s'absorber dans les détails. Il est évident qu'il ne peut suivre lui-même, constamment la ligne de mire de l'indicateur, obtenir les données du tir, etc.

Il doit avoir un officier de choix, chargé de la direction de l'artillerie dans le combat, comme il a un officier de manœuvre.

De même que le capitaine dirige la manœuvre, sans la faire exécuter lui-même; en consultant son instrument de temps à autre, il dirigera le feu à son gré, sans cependant entrer dans les détails d'exécution.

SIXIÈME OBSERVATION.

§ 27. Il ne faut pas se persuader que, parce qu'on a un bon instrument

(1) L'indicateur tient lieu d'un ingénieux instrument qu'on a proposé sous le nom d'indicateur des secteurs battus par l'artillerie. Sans vouloir diminuer en rien le mérite de l'auteur, officier distingué, qui s'est livré à un travail considérable sur la distribution des feux de nos vaisseaux, nous pensons qu'on attache une importance exagérée à ce qu'on nomme : le plan de feux des vaisseaux, qu'on compare, bien à tort, au plan d'un ouvrage fortifié. Qu'est-ce que le plan de feu d'un vaisseau, qui peut, d'un coup de barre, ou en embraquant une embossure, faire varier indéfiniment l'orientation de ses feux?

La seule chose importante à connaître, c'est le champ de tir total du vaisseau; celui où toutes ses pièces, ou du moins la plus grande partie d'entre elles, battent à la fois.

(2) Celui de l'*Uranie* est ainsi disposé. Ceux de la frégate l'*Iphigénie* ont été gradués à la demande du commandant, M. le capitaine de vaisseau Mazères. Faute de temps, ceux du vaisseau le *Montebello* n'ont pas été gradués en degrés.

et de bons procédés de pointage, tant en hauteur qu'en direction, il suffira de commander : feu ! pour que le feu de bordée ait quelque valeur.

Pour que ce feu soit bien exécuté, il faut :

1° Assurer la transmission des ordres, de telle sorte, que les indications nécessaires aux batteries soient sûrement comprises et promptement appliquées ;

2° Que le signal du feu soit instantané ; qu'il se distingue facilement dans toutes les batteries du bâtiment et qu'il ne puisse se confondre avec aucun autre bruit ou signal ;

3° Que celui qui donne le signal soit exercé à le donner au moment convenable. Il est indispensable que la personne chargée de l'instrument s'exerce souvent, soit pendant les branle-bas de combat, soit pendant les exercices, à saisir le moment favorable et à donner le signal.

Toutes ces choses, tellement essentielles, que, faute de les avoir organisées, le meilleur système de tir convergent ne peut donner que des résultats nuls (1), sont développées dans la troisième partie de ce mémoire.

Elles ne paraissent pas avoir frappé les auteurs des divers systèmes que nous connaissons, et ne sont pas même indiquées dans leurs écrits.

V. — PROPRIÉTÉ DES FAISCEAUX.

§ 28. Lorsque toutes les pièces d'un bâtiment, dirigées sur un même point, font feu ensemble, il se forme, entre le bâtiment et le point visé ou foyer, un faisceau de feux qu'on nomme faisceau convergent (pl. 2 fig. 1).

Au delà du foyer, il se forme un second faisceau symétrique du premier, nommé faisceau divergent.

FAISCEAU HORIZONTAL OU EN DIRECTION.

§ 29. A une distance du foyer égale à celle qui sépare ce dernier du bâtiment, le faisceau divergent a la même largeur que le faisceau convergent à sa naissance (pl. 1).

Considérés entre ces limites, les deux faisceaux jouissent à peu près des mêmes propriétés.

(1) Cette observation s'applique aussi bien à toute espèce de feux et de tirs.

Toutefois, le faisceau divergent est moins régulier, les feux y sont plus dispersés que dans le faisceau convergent, à cause des déviations latérales des projectiles.

La largeur du faisceau est proportionnelle à la distance au foyer. Elle est d'autant plus grande qu'on la mesure plus loin du foyer.

Le faisceau est d'autant plus allongé, que le foyer est plus éloigné du bâtiment.

FAISCEAU VERTICAL OU EN HAUTEUR.

§ 30. Le faisceau divergent (pl. 1 fig. 2) n'est pas symétrique du faisceau convergent, car la courbure des trajectoires croît comme la distance.

Néanmoins, à une petite distance, prise en dedans ou en dehors du foyer, les deux faisceaux peuvent être considérés comme symétriques.

Les limites entre lesquelles cette considération est suffisamment exacte sont d'autant plus larges, que le foyer est lui-même plus rapproché du bâtiment.

COMMENT ON DOIT VISER AVEC L'INSTRUMENT INDICATEUR.

Position de la ligne de mire dans le faisceau.

§ 31. L'instrument indicateur étant placé à l'arrière du bâtiment, sa ligne de mire occupe, en direction, le côté arrière du faisceau convergent et le côté avant du faisceau divergent (pl. 1).

L'instrument indicateur étant placé sur la dunette, sa ligne de mire occupe, en hauteur, la partie supérieure du faisceau convergent.

Cette ligne de mire se trouve également au-dessus du faisceau divergent (pl. 2, fig. 2) et d'autant plus que le foyer est plus éloigné.

Direction de la ligne de mire à l'instant du feu.

§ 32. Si le bâtiment ennemi est placé au foyer même, la ligne de mire de l'instrument devra être dirigée sur son milieu au moment du feu (pl. 1).

Si le navire ennemi est en dedans du foyer, la ligne de mire devra être dirigée d'autant plus sur l'arrière, qu'il sera plus loin du foyer.

Si le bâtiment est en dehors du foyer, la ligne de mire devra être dirigée d'autant plus sur l'avant, que l'ennemi est plus loin du foyer (pl. 1).

Choix du foyer.

§ 32. L'erreur commise sur l'évaluation de la distance de l'ennemi influera d'autant moins sur le résultat du tir, en direction, que le foyer choisi sera plus éloigné (pl. 1 et § 29).

Ce sera le contraire, pour le tir en hauteur (1).

Lorsque le bâtiment ennemi se trouve en dedans du foyer les coups frappent sur une portion de sa surface d'autant plus petite, pour une même distance, que le foyer est plus rapproché du bâtiment qui tire (pl. 1).

C'est le contraire lorsque le bâtiment ennemi se trouve en dehors du foyer.

Position de l'ennemi par rapport au foyer.

§ 34. Il résulte de ce qui précède qu'en général on devrait combattre au foyer même.

Mais, à la mer, on sait qu'elle difficulté il y a, soit à passer exactement à une distance donnée du bâtiment, soit à conserver un bâtiment à la même distance.

L'appréciation exacte de la distance est déjà une chose fort délicate.

En conséquence la méthode la plus avantageuse paraît être la suivante :

Le capitaine choisit son foyer de façon à être sûr que l'ennemi est en dedans, ou qu'il est en dehors (2).

VI.—DISTANCE NORMALE DU COMBAT.

Première opinion.

§ 35. Une opinion qui compte un certain nombre de partisans veut qu'on

(1) Les conclusions à tirer des propriétés des faisceaux en hauteur ne doivent avoir rien d'absolu, car, toutes les fois que la distance dépasse deux encâblures et que l'état de la mer le permet, il y a grand avantage à employer le tir à ricochet.

(2) L'engagement que nous avons pris, de n'entrer dans aucune discussion, nous a forcé de présenter d'une façon sommaire ces considérations importantes. La réflexion et l'étude de la planche I suppléeront à ce qui manque.

combatte de près, et affirme que nos grands hommes de mer en ont toujours usé ainsi.

Nous croyons que, si ces grands hommes en ont usé ainsi, c'est qu'ils appréciaient sainement la valeur de leurs équipages, auxquels l'instruction et une bonne organisation ont toujours manqué.

Aux époques brillantes de notre marine, au temps des officiers instruits et des équipages exercés, sous Louis XIV et surtout sous Louis XVI, on n'a combattu de près qu'à son corps défendant.

En écrivant son bel ordre du jour, Villeneuve pensait certainement au désordre et à l'ignorance de ses équipages; il voulait compenser par leur intrépidité, bien connue, l'habileté, la discipline et l'instruction de leurs adversaires.

Villeneuve, commandant une escadre semblable à celles que nous possédons aujourd'hui, n'eût jamais donné l'ordre de combattre, de prime abord, à portée de pistolet de l'ennemi.

Deuxième opinion.

§ 36. Une autre opinion, aussi accréditée peut être que la première, et à laquelle on doit l'introduction des pièces à grande portée, veut qu'on combatte à grande distance.

A grande distance, eût-on des moyens plus puissants encore que ceux dont on dispose, on ne peut espérer obtenir des résultats importants ou décisifs.

A grande distance, l'instruction des canonniers est aussi inutile qu'à petite distance : leur adresse même devient une chance de plus d'erreur dans le tir.

Déduction.

§ 37. Combattre à petite distance ou à grande distance, c'est rendre volontairement les chances égales entre soi et un ennemi moins habile et moins exercé, c'est accepter la supériorité du nombre des canons.

La vérité est entre ces extrêmes.

La vraie position de combat est celle pour laquelle les chances d'erreur du tir sont assez grandes pour assurer un avantage réel à un équipage exercé et à un capitaine habile ; mais où ces erreurs ne sont cependant pas telles, qu'on doive attendre un résultat du hasard, ou de coups heureux.

Avec des bâtiments à vitesse propre, à évolutions sûres, on ne doit rien livrer au hasard, il faut combattre avec certitude.

Conclusion.

§ 38. La zone de combat, pour un bâtiment bien armé et bien organisé, est comprise entre deux ou quatre encablures (1).

Entre ces limites, les diverses formes du tir convergent peuvent être employées avec avantage, et l'usage de ce tir constitue une supériorité considérable, si l'on se tient rapproché de la limite inférieure, et si l'on emploie le feu de bordée

On ne doit franchir volontairement cette limite que pour écraser définitivement un ennemi suffisamment affaibli.

Il y a pourtant une exception, c'est dans le cas où l'on peut défiler rapidement à poupe d'un bâtiment ennemi, cas qui peut se présenter fréquemment pour un vaisseau à vapeur.

Pour ce cas seul, on a établi une convergence à foyer unique à la distance de 75 mètres.

Une bordée d'enfilade, envoyée sur ce foyer, aurait certainement un effet formidable.

DU FEU DE BORDÉE.

§ 39. Lorsqu'on possède un moyen sûr de diriger un feu de bordée, on reconnaît promptement que ce feu est d'un usage non-seulement fréquent, mais normal.

1° Il n'est guère plus difficile d'envoyer un feu de bordée que de tirer une pièce isolée ;

2° L'effet produit est beaucoup plus considérable que celui d'un même nombre de coups lancés par tout autre feu ;

(1) Ces chiffres sont le résultat d'une longue discussion, qui ne saurait trouver place ici, mais qui entre naturellement dans la partie de ce travail que nous avons été obligé d'omettre.

3° On peut tirer, dans un temps donné, un nombre de projectiles plus grand qu'avec tout autre tir exécuté dans la fumée;

4° La fumée peut se dissiper entre les coups;

5° L'ordre se maintient dans les batteries par l'uniformité des mouvements;

6° La surveillance des chefs devient facile ; elle est illusoire dans un feu à volonté.

7° Le remplacement des hommes hors de combat, le transport des blessés, s'effectuent aisément dans ces intervalles de repos relatif qui reviennent périodiquement entre les bordées, intervalles pendant lesquels les batteries restent dégagées et débarrassées de fumée ;

8° Le service des poudres et projectiles se fait avec plus de facilité, de régularité et de sécurité ;

9° Les petites avaries survenues dans le gréement et les accessoires d es bouches à feu se réparent plus aisément ;

10° Les instants de silence relatif, qui se produisent entre les bordées, favorisent singulièrement la transmission des ordres et écartent bien des causes de confusion.

Par tous ces motifs le mode rationnel de combat comporte l'emploi du feu de bordée le plus fréquemment possible.

VII.— CONCLUSIONS ET PROPOSITIONS.

§ 40. En assumant la responsabilité des assertions qui précèdent, nous avons conscience de représenter plus qu'une opinion individuelle.

Nous savons que nos convictions sont celles de plusieurs officiers éminents de nótre arme, et, si nous ne les nommons pas ici, c'est que toutes les formes de l'éloge sont devenues banales.

Quoi qu'il en soit, les opinions que nous avons exprimées, soit sur l'utilité, soit sur les usages possibles du tir convergent, n'ajoutent et n'ôtent rien à la valeur du mécanisme proposé pour l'exécuter dans les cas où il est officiellement reconnu avantageux de l'employer.

Nous formulerons donc les propositions qui suivent :

1° Qu'un mode uniforme de tir convergent soit rendu réglementaire pour tous les bâtiments de ligne armés ;

2° Que les procédés employés soient ceux proposés par la commission d'expériences de la frégate d'instruction l'*Uranie*, et décrits dans ce mémoire;

3° Que les objets nécessaires à l'application du système, à bord des vaisseaux actuellement en armement, soient confectionnés immédiatement par les soins des directions d'artillerie ;

4° Que la direction d'artillerie du port de Toulon (1) confectionne d'urgence les objets nécessaires à l'application uniforme du système à bord des vaisseaux de l'escadre de la mer Noire, lesquels objets seront expédiés par la première occasion.

MM. Allemand et Garnault, lieutenants de vaisseaux, anciens officiers de l'*Uranie*, actuellement dans l'escadre de l'amiral Hamelin, seraient désignés pour diriger l'installation et les premières applications dans cette escadre.

5° Que deux officiers de l'*Uranie*, proposés par le capitaine de ce bâtiment, au choix de S. Exc. le ministre de la marine, soient envoyés à Brest, d'abord, et dans les autres ports du nord, s'il y a lieu, pour diriger, dans ces ports, l'installation des bâtiments armés ou en armement, donner tous les renseignements nécessaires à la confection du matériel, exercer sommairement les hommes au mécanisme du tir, fournir enfin aux officiers et aux capitaines toutes les explications nécessaires pour les mettre à même de tirer du nouveau système le parti le plus avantageux ;

6° Que des copies ou des imprimés du présent mémoire soient envoyés : 1° à tous les officiers commandant les forces navales. pour être soumis par eux aux réflexions des capitaines et des officiers sous leurs ordres; 2° aux directions d'artillerie, pour servir à la confection des objets et à leur installation à bord.

---

(1) La direction d'artillerie du port de Toulon possède déjà tous les renseignements nécessaires ; elle a l'habitude de confectionner les objets. C'est par ses soins qu'ont été installés la frégate l'*Iphigénie* et le vaisseau *le Napoléon*. Il suffira donc de lui adresser le mémoire pour la mettre à même d'appliquer les dernières modifications.

DEUXIÈME PARTIE.

GRADUATION ET MISE EN PLACE DES INSTRUMENTS.

I. — OPÉRATIONS PRÉPARATOIRES.

Mesurer les angles maximum des pièces extrêmes.

« § 41. La première opération à faire, lorsqu'on veut établir un système
» de tir convergent à bord d'un bâtiment, est de mesurer les angles maxi-
» mum que peuvent faire, en chasse et en retraite, les pièces extrêmes de
» chaque batterie.

» Dans ce but, tracer sur le pont, derrière ces pièces, une parallèle ou une
» perpendiculaire à la quille. Sur presque tous les bâtiments, les arêtes des
» hiloires des panneaux donnent la direction de la quille et celle de sa per-
» pendiculaire. Si ce repère venait à manquer, employer les moyens sui-
» vants :

Tracer la perpendiculaire à la quille.

» 1° Laisser tomber un fil à plomb de deux ou trois points de la même
» arête d'un bau, et marquer chaque fois la trace du fil à plomb sur le pont:
» la ligne qui joint ces points est une perpendiculaire à la quille.

» Ce moyen peut être employé dans le port et même en rade, de beau
» temps, avec une exactitude suffisante ;

» 2° Joindre, par une ligne bien tendue, les arêtes intérieures des faces
» avant ou arrière de deux sabords correspondants et marquer sur le pont la
» projection de cette ligne.

» Ce second moyen nécessite, comme le premier, l'emploi du fil à plomb ;
» toutefois on pourrait, dans une batterie bien dégagée, joindre avec une
» ligne deux points bien symétriques pris de chaque bord presque au ras du
» pont. Cette ligne, bien tendue et frottée de blanc d'Espagne, tracerait sur
» le pont la perpendiculaire à la quille.

Tracer la direction de l'axe de la pièce.

» § 42. La perpendiculaire à la quille étant tracée près d'une des pièces
» dont on s'occupe, on fait pointer la pièce le plus en retraite possible, s'il
» s'agit d'une pièce de l'avant, et le plus en chasse possible, s'il s'agit d'une
» pièce de l'arrière. On trace alors sur le pont la direction de l'axe de la
» pièce de la manière suivante :

» Roidir, à peu près parallèlement au pont, une ligne fixée au sommet de
» la masse de mire et passant par le cran du curseur de la hausse ; laisser
» tomber un fil à plomb de deux ou trois points de cette ligne et marquer
» chaque fois sa trace sur le pont. La ligne menée par ces traces du fil à
» plomb est la direction de l'axe de la pièce.

Mesure des angles.

» L'angle que forme cette ligne, en coupant la perpendiculaire à la quille,
» est le complément de l'angle cherché. Pour obtenir sa mesure :

» Prendre sur les deux côtés, à partir du sommet, une quantité arbitraire
» (2 mètres par exemple), mesurer la distance qui sépare les extrémités de
» ces deux lignes. Cette distance sera la corde de l'arc qui mesure l'angle
» cherché, corde qui répond à deux mètres de rayon.

» On obtient directement l'angle en entrant, avec la corde exprimée en
» centimètres ou en millimètres, dans une table des rapports de la corde au
» rayon (Guépratte, table LXI). »

Ceci suppose qu'on n'a pas à sa disposition un grand quart de cercle
gradué.

Pièces entrant dans la convergence.

« § 43. Il convient de répartir les foyers de convergence sur le plus
» grand arc possible, et d'y concentrer le plus de pièces possible. Mais la
» courbure de la muraille empêchant absolument les pièces extrêmes de
» prendre un pointage suffisamment oblique, on est obligé de les négliger
» dans la détermination de l'arc total. Cela n'empêche cependant pas de faire
» concourir ces pièces aux pointages qu'elles peuvent facilement atteindre.

» Exemple : A bord du vaisseau le *Montebello,* on a mesuré les angles
» maximum suivants :

> » 1re batterie, 1re pièce, à tribord devant...................... 17° 15′
>
> » ——————— 2e pièce .... 29° 28′
>
> » 2e batterie, 1re pièce .... 34° 19′
>
> » 1re batterie, 15e pièce, à tribord derrière .... 30° 08′
>
> » 2e batterie, 14e pièce............................... 33° 25′

» La première pièce de la première batterie, à tribord devant, différan t
» trop des autres, est exclue de la convergence.

Longueur totale de l'arc de convergence.

» Les angles des pièces de l'avant sont 29° et 34° ; ceux des pièces de
» l'arrière sont 30° et 33° ; ainsi en adoptant 27° 1¦2 (1) pour l'angle de
» chasse ainsi que pour l'angle de retraite, on conservera une marge suffi-
» sante. »

La réduction qu'on fait subir aux angles mesurés a pour but de remédier
d'avance aux erreurs poss'bles de graduation et de mise en place de l'instrument indicateur, et d'empêcher qu'on ait à demander aux pièces des pointages
tout à fait extrêmes, longs et pénibles à obtenir dans la pratique.

« Dans ces conditions, l'arc total de convergence sera de 55° pour *le*
» *Montebello.* »

Longueur de la batterie.

» § 44. Après avoir fait choix des pièces extrêmes comprises dans la
» convergence, on mesure la distance qui sépare les axes de ces pièces
» extrêmes. Cette distance doit être mesurée sur le pont de la batterie qui
» renferme le plus grand nombre de pièces susceptibles de converger.

(1) Cet angle est la moyenne des angles mesurés, diminuée de 4° de précaution ou de
marge :

$$\frac{29°+34°}{2} = 31° \, 1/2 \, ; \; 31° \, 1/2 - 4° = 27° \, 1/2. \; \frac{30°+33°}{2} \; 31° \, 1/2 \, ;$$
$$31° \, 1/2 - 4° = 27° \, 1/2.$$

» **A bord du** *Montebello*, cette distance est celle qui sépare la deuxième pièce de la quatorzième dans la deuxième batterie : elle est de 42^m,10.

Place de l'instrument indicateur.

» § 45. L'instrument indicateur employé par le capitaine doit toujours
» être à sa portée. Cette première condition a conduit à rapprocher l'instru-
» ment du banc de quart. Une autre condition, non moins importante, c'est
» que cet instrument soit, le moins possible, exposé aux chocs ; on a donc
» été amené à le placer dans les bastingages de dunette, auprès du banc de
» quart. Enfin, il faut que la position de l'instrument permette de découvrir
» le plus grand arc possible de l'horizon sans qu'il soit masqué par les
» porte-manteaux ou les embarcations.

Hauteur de l'instrument au-dessus de l'eau.

» § 46. Quand la place que doit occuper l'instrument est définitivement
» choisie, on mesure la hauteur qu'occupera son plateau au-dessus de l'eau :
» une sonde à main suffit pour cette opération.

Distance à la pièce extrême de l'arrière.

» On mesure également la distance horizontale de ce point à celle des
» pièces comprises dans la convergence qui en est la plus éloignée sur l'ar-
» rière.

Hauteur de l'axe des pièces au-dessus de la flottaison.

» On prend enfin la hauteur moyenne de l'axe des pièces de chaque batte-
» rie au-dessus de l'eau, soit avec la sonde à main, soit par tout autre
» moyen. »

DISPOSITIONS A PRENDRE.

Tracer derrière chaque pièce, la parallèle à la quille.

§ 47. Pour tracer convenablement la parallèle à la quille, derrière chaque pièce, par un des procédés indiqués, on tire d'abord une courte parallèle

à la quille à l'aplomb de la face arrière de la queue des flasques, lorsque la pièce considérée se trouve à peu près perpendiculaire à la quille, le croissant rabattu et touchant la muraille.

On tire une seconde parallèle à l'aplomb de la face arrière de la flasque la plus en dedans, lorsque la pièce est pointée tout à fait en chasse, si elle est à l'arrière, et tout à fait en retraite, si elle est à l'avant de la batterie.

La ligne de repère, creusée dans le pont, doit être menée au milieu de l'intervalle compris entre les deux précédentes.

En général, elle sera bien pour les pièces du travers, si on la place à $0^m,08$ en arrière de la queue des flasques, lorsque la pièce est à peu près perpendiculaire à la quille.

Longueur de la ligne de repère.

§ 48. La longueur de cette ligne, pour les pièces du milieu de la batterie, doit être d'environ $1^m,50$ de chaque côté de l'axe du sabord.

Le milieu de la ligne doit être porté de $0^m,20$ sur l'arrière de l'axe du sabord pour la pièce de l'arrière de la batterie, de $0^m,10$ sur l'avant pour la pièce de l'avant et proportionnellement pour les pièces intermédiaires.

Largeur et profondeur.

Sa largeur et sa profondeur sont de $0^m,005$ environ. Chaque bout est marqué par une patte d'oie creusée de même. Cette ligne est ensuite brayée comme une couture (pl. 2).

Un ouvrier charpentier peut creuser, en une journée de travail, toutes les lignes de repère d'une batterie.

En marquant sur le pont la place de cette ligne, il faut prendre garde qu'elle ne se confonde avec l'une des coutures du pont.

Remarque.

§ 49. On aurait pu tracer, pour chaque pièce, une ligne d'une direction particulière; mais on a préféré choisir, pour toutes les pièces uniformément, la parallèle à la quille, parce qu'elle permet d'établir sans instrument le tir parallèle, qui peut, dans certains cas, trouver des applications.

Ajuster les douilles des règles de queue de flasque.

§ 50. On fixe, de chaque côté de l'affût, une douille en cuivre (pl. 6), dans laquelle devra glisser la règle de queue de flasque.

Cette douille se fixe, au moyen de quatre vis, à l'extérieur de la queue du flasque, près de son bout arrière.

La vis de pression doit se trouver sur le bout de la douille le plus rapproché de l'arrière de l'affût.

Affûts à quatre roues.

Dans les affûts à quatre roues, cette douille se place de manière que sa tranche arrière soit à toucher la bandelette de fourrure d'anspect, et à une hauteur telle, que, la règle étant en place, sa face inférieure rase l'arête supérieure de cette bandelette (pl. 6).

Affûts à échantignolles.

Dans les affûts à échantignolles, on place la douille sur l'arrière des écrous de tige d'anneau carré, et de telle façon que la règle glisse entre les deux écrous (pl. 6).

Pour que la douille ne soit pas trop près du bout de la flasque, il convient de la rapprocher autant que possible de ces écrous, et, pour cela, on peut rogner l'angle de l'oreille inférieure de la douille. Dans les affûts nouveaux modèles, on a largement la place de la douille.

Affûts de 50 et de 30 n° 3 et n° 4.

Dans les affûts de 50 et de 30, n° 3 et n° 4, les tiges de l'anneau carré traversent l'entretoise de l'arrière, et il n'y a pas d'écrou à l'extérieur du flasque ; on peut donc placer la douille à toucher la bandelette, comme dans les affûts à quatre roues.

Cependant il est bon de s'assurer que la règle ne rencontrera pas l'écrou rond du premier boulon d'assemblage de l'entretoise arrière.

Affût du canon-obusier de 30.

Dans les affûts du canon-obusier de 30 construits avant 1854, il faut, avant de fixer la douille, clouer, sur la face extérieure de la queue du flasque, à la place que cette douille doit occuper, un léger soufflage en bois blanc de 0^m,01 d'épaisseur. C'est sur ce soufflage qu'on ajustera la douille. Ce soufflage aura 0^m,40 de longueur sur 0^m,12 de largeur et servira d'appui à la règle.

Affût de caronade

Pour les caronades, la douille sera placée de façon que l'oreille supérieure affleure la face supérieure de la semelle. La tranche arrière de la douille est à 0^m,04 environ sur l'avant de la face arrière de la semelle.

Précautions à prendre.

§ 51. En fixant la douille, on doit s'assurer que la règle glissera parallèlement au pont.

On l'obtient en mettant la règle dans la douille et en plaçant ses deux bouts à égale hauteur au-dessus du pont ; à ce moment la douille est bien placée (pl. 6).

Avant d'enfoncer les vis qui fixent la douille, il faut s'assurer que la règle glissera facilement. Il arrive souvent que les règles éprouvent trop de frottement parce que les flasques de l'affût sont gauchis ou gondolés. On remédie à cet inconvénient en interposant entre les oreilles de la douille et la flasque, sous une ou plusieurs des vis, des rondelles en cuir mince.

Marquer le zéro des règles de queue de flasque.

§ 52. La règle se termine par un bouton en cuivre (pl. 6). Quand la règle est à zéro, ce bouton doit déborder la face arrière de la flasque, il est même bon qu'il déborde de 0^m,02 environ, afin que le coussin ne gêne pas le cordon de pointage.

Lorsque le bouton est ainsi placé, on serre la vis de pression, et, au ras de la douille en cuivre, sur l'arrière, on fait une coche sur la règle. Cette coche, prolongée sur les quatre faces, est le zéro de la règle ; elle marque la position de cette dernière lorsque son bouton doit servir de dormant au cordon de pointage.

Tailler la loge pour le talon de la règle de pointage.

§ 53. Dans le pointage en hauteur, on appuie le pied ou talon de la règle de pointage sur le premier adent de droite de l'affût, toutes les fois que cet adent se trouve précisément par le travers de la plate-bande de culasse. Lorsque le premier adent se trouve plus rapproché de l'avant de l'affût, le talon de la règle s'appuie sur la queue même de la flasque (voir § 118). C'est ce qui a lieu pour tous les affûts nouveau modèle (1854).

Lorsqu'on appuie le talon de la règle sur le premier adent, il arrive que l'usure et la dégradation produites par les anspects occasionnent des erreurs dans l'usage de la graduation de cette règle.

Pour obvier à cet inconvénient, on pratique, à l'angle intérieur et supérieur de la face arrière du premier adent de droite, une loge destinée à recevoir le talon de la règle de pointage et dont le fond est à l'abri des dégradations (pl. 7).

Les dimensions de cette loge sont les suivantes :

Longueur, $0^m,03$, dans le sens de l'épaisseur de la flasque ;

Largeur, $0^m,02$, dans le sens de la longueur de la flasque,

Ces deux mesures sont prises à partir de l'angle précité.

Le fond de la loge se trouve à $0^m,08$ au-dessus de la base du premier adent.

Taquet de support pour règle de pointage en hauteur.

Au lieu de pratiquer, sur le premier adent de droite, une entaille ou loge destinée à recevoir le talon de la règle de pointage en hauteur, on peut se borner à placer sur la face arrière de cet adent, un taquet vertical de $0^m,08$ de hauteur et de $0^m,25$ sur 0^m35 d'équarrissage, maintenu par deux chevilles en bois.

C'est alors la tête de ce taquet qui sert de point d'appui à la règle de pointage.

Cette disposition peut être appliquée avec avantage aux affûts anciens modèles qui ont leur premier adent en avant de la plate-bande de culasse, parce qu'elle permet d'employer une règle moins longue.

II. — CALCUL DES GRADUATIONS DE L'INSTRUMENT INDICATEUR.

Angle maximum des foyers de convergence à porter sur l'instrument.

« § 54. La détermination de l'angle total de convergence A (pl. 7,
» fig. 1), à porter sur l'instrument, se déduit exactement du calcul d'un
» triangle B A C, dans lequel on connaît un côté a, les deux angles
» adjacents B et C, et qui sert de point de départ pour calculer succes-
» sivement d'autres triangles dont le dernier donne l'angle cherché.

» a, distance des axes des deux pièces extrêmes comprises dans la
» convergence.

» B, angle maximum de chasse pour la pièce extrême de l'arrière.

» C, angle maximum de retraite pour la pièce extrême de l'avant.

» Ces angles sont pris après la réduction qu'on leur a fait subir (§ 43).

» Exemple : pour le vaisseau le *Montebello* on aurait :

» $a = 42^m.10$, distance entre la deuxième et la quatorzième pièce dans
» la deuxième batterie.

» B = 27° 30′ angle réduit de chasse.

» C = 27° 30′ angle réduit de retraite.

» On en déduit A, angle à porter sur l'instrument, = 50°.

Tracé graphique.

» § 55. Dans la pratique on peut obtenir cet angle par une simple
» construction graphique, ainsi qu'il suit :

» Sur une ligne A B (pl. 7. fig. 1), représentant la distance des pièces
» extrêmes entrant dans la convergence, construire un angle de retraite
» C B A, égal à l'angle maximum choisi pour la pièce extrême de l'avant.

» Porter sur la ligne C B une longueur égale à 400 mètres (voir § 59),
» joindre le point C au point A.

» Puisque la pièce de l'avant, à laquelle les formes du navire permet-
» tent le moins de pointage en retraite, peut être pointée sur le point
» C, toutes les autres pièces des batteries pourront y être pointées a
» *fortiori*, à moins qu'elles ne soient empêchées par les chaînes de porte-

» haubans, lesquelles doivent, d'ailleurs, être disposées de manière à ne
» pas gêner les pointages.

» Au point A, faire un angle de chasse D A B, égal à l'angle maximum
» choisi pour la pièce extrême de l'arrière. Prendre A D = 400 mètres ;
» joindre le point D au point B.

» Par le même raisonnement que plus haut , il devient évident que
» toutes les pièces pourront être pointées sur le point D.

» On peut donc réunir les feux de toutes les pièces comprises dans
» la convergence sur un certain nombre de foyers placés à 400 mètres
» et également espacés sur l'arc décrit avec ce rayon , du point D , au
» point C, et passant ainsi du pointage le plus en chasse au pointage
» le plus en retraite. Chaque réunion de feux formera un faisceau qui,
» divergeant au-delà du foyer, aura pour base, à 800 mètres , par
» exemple, une portion de l'arc C D, dont la longueur sera précisément
» égale à A B, longueur de la batterie. En sorte que , théoriquement, un
» bâtiment de même longueur que celui qui tire, serait atteint à 800 mètres
» par toute la bordée concentrée sur un foyer placé à 400 mètres.

Tracer l'angle de l'instrument. — Le diviser en parties égales.

» § 56. Pour obtenir le plus grand angle de l'instrument, prendre, sur
» le tracé, une quantité A E, égale à la distance qui a été mesurée entre
» l'instrument et celle des pièces, comprises dans la convergence, qui en
» est le plus éloignée sur l'arrière. Joindre les point E aux points C et D;
» l'angle C E D est l'angle cherché. Mesurer l'angle C E D, le porter sur
» le plateau de l'instrument, le diviser en un certain nombre de parties
» égales.

» Pour le *Montebello*, l'*Iphigénie* et l'*Uranie*, cet angle a été partagé
» en cinq parties égales, ce qui a donné, sur l'instrument, six directions
» de foyers de convergence que l'on reproduira à chaque pièce par la
» graduation des batteries (pl. 7, fig. 2).

Désignation des foyers.

» Pour établir une désignation particulière à chaque foyer, placer à

» l'extrémité des rayons qui les indiquent sur le plateau de l'instrument
» six rondelles ou disques de trois couleurs différentes.
    » On nommera alors les directions de ces foyers :
    » Rouge, jaune, blanc, en chasse *ou* en retraite. »

Distribution des foyers sur l'arc de convergence.

§ 57. Lors de la distribution des foyers sur l'arc de convergence, on doit rechercher un résultat très-important dans la pratique, savoir :

Pour obtenir un même pointage en direction, toutes les pièces du même bord se servent toujours de la même règle, celle de droite ou celle de gauche de l'affût (voir pl. 2).

Pour arriver à ce résultat, il faut que les foyers soient distribués sur les arcs de convergence d'une façon telle, que les axes des pièces, dirigés ensemble, successivement sur chaque foyer, soient tous obliques dans le même sens par rapport à la quille.

Si, par la première pièce de l'avant et la dernière de l'arrière, on élève des perpendiculaires à la quille (pl. 7, fig. 3), on formera une bande rectangulaire dans laquelle on ne devra placer aucun foyer, si l'on veut que la condition ci-dessus indiquée soit remplie.

Les deux foyers B, C, du milieu de chaque arc de convergence devront donc être éloignés entre eux d'au moins la largeur de la bande, et leur position la plus rapprochée sera sur les perpendiculaires mêmes en B′ et C′.

Vérifier si les foyers sont bien placés.

§ 58. La portion de l'arc de convergence placée sur l'avant du travers du bâtiment est généralement peu différente de celle qui reste sur l'arrière ; néanmoins il existe une différence : il faut donc s'assurer, par un tracé ou par le calcul, qu'aucun foyer ne se trouve en dedans de la bande rectangulaire.

Exemple : pour la frégate l'*Uranie*, le tracé (pl. 1), fait voir qu'aucun foyer ne se trouve dans la bande.

Par le calcul, on trouve la même chose, ainsi qu'il suit :

L'angle de convergence est de 57° composés de..... | 27° angle de chasse.
| 30° angle de retraite.

Cet angle est divisé en cinq parties égales, qui ont, en conséquence, la valeur de 11° 1|2 environ.

La première ligne en chasse se trouvera à 4 degrés sur l'avant du travers.

La distance entre les pièces extrêmes étant de 40^m, 95, et le centre des arcs de convergence étant le milieu de la ligne parallèle à la quille qui joint la pièce de l'avant à la pièce de l'arrière, on trouve que la bande rectangulaire intercepte, sur l'arc de convergence de :

$$\begin{array}{ll} 400 \text{ mètres, une portion de} & 5°51' \\ 600 \underline{\hspace{5cm}} & 3\ 54 \\ 800 \underline{\hspace{5cm}} & 2\ 57 \end{array}$$

Il suit de là, que le premier foyer en chasse se trouvera, sur l'arc de 400 mètres, à 1° 05' environ en dehors de la bande rectangulaire.

Ainsi, dans ce cas, la condition voulue se trouve remplie naturellement ; s'il arrivait que cela n'eût pas lieu, il faudrait, dans le tracé, déplacer légèrement les directions des foyers du milieu (voir § 57).

§ 59. Pour ne pas compliquer l'instrument, on a placé les foyers de même nom sur un même rayon partant du centre (pl. 1).

Les foyers servant à mener ces rayons sont pris sur un même arc de convergence.

Les rayons partant de l'instrument et passant par ces foyers sont prolongés jusqu'à la rencontre des autres arcs, et les points d'intersection donnent les foyers sur ces derniers arcs.

Le choix de l'arc sur lequel on choisit les premiers foyers n'est point entièrement arbitraire.

Exemple : Pour l'*Uranie*, on a espacé également les foyers sur l'arc de 400 mètres ; si on les eût ainsi disposés sur l'arc de 800 mètres, la condition relative aux règles (§ 57) n'eût pas été remplie. Un des foyers (le blanc en chasse, sur l'arc de 400 mètres) se fût trouvé compris dans la bande rectangulaire. (Vérifier, sur le tracé, pl. 1).

Cet effet est dû à l'excentricité de l'indicateur par rapport au centre des arcs de convergence.

La même chose fût arrivée encore, si l'on eût pris les premiers foyers sur un arc de convergence placé en dedans de 400^m à 200 mètres, par exemple, parce que la portion interceptée par la bande rectangulaire eût été, relativement, beaucoup plus considérable sur cet arc que sur les autres.

Choix du foyer unique à petite distance.

§ 60. Dans le choix du foyer unique de convergence à 75 mètres, on s'est guidé sur cette considération, savoir :

Dans le pointage en direction, toutes les pièces de l'avant de la batterie doivent employer les règles de l'avant de l'affût ;

Celles de l'arrière de la batterie, les règles de l'arrière.

Le foyer unique ou sur l'étoile a donc été placé à 75 mètres sur une perpendiculaire à la quille élevée au milieu de l'intervalle qui sépare la pièce de l'avant de celle de l'arrière.

Dans cette convergence, toutes les pièces de l'avant sont pointées en retraite ; celles de l'arrière, en chasse. On reste donc conséquent avec le principe établi (§ 57 et § 13) ; la règle de l'avant de l'affût sert pour les pointages en retraite : celle de l'arrière, aux pointages en chasse.

Pour tracer sur l'instrument la direction de ce foyer, on calcule l'angle qu'elle fait avec la quille, au moyen d'un triangle rectangle dont on connaît deux côtés.

Exemple : pour l'*Uranie*, on a :

Premier côté, distance du foyer = 75 mètres.

Deuxième côté, distance de l'instrument au milieu de l'intervalle des pièces extrêmes = 14^m, 17, sinus de l'angle cherché = $\dfrac{7\,5.}{14.17.}$; angle cherché = 79° 18' avec la quille. Complément = 10° 42'.

La direction de l'étoile, tracée sur l'instrument, fera donc un angle de 10° 42' en chasse, avec la ligne du travers ou de repère (pl. 3).

Un trou pratiqué sur le plateau de l'instrument permet de fixer l'alidade, dans cette direction, comme dans les autres, au moyen de la goupille.

Ce trou est distingué par une étoile en cuivre incrustée dans le plateau. C'est pour cela qu'on a adopté la locution, *pointer sur l'étoile*, pour pointer sur le foyer de convergence unique à 75 mètres.

Placer le point de repère pour l'orientation de l'instrument.

« § 61. Lorsque l'instrument sera mis en place, il faudra que les directions » qui y sont marquées, celle du rouge en chasse ou du rouge en retraite, par

» exemple, concourent aux foyers de convergence avec celles que doivent
» avoir les pièces. Il sera alors orienté d'une certaine manière par rapport à
» la quille.

» Pour déterminer cette orientation, on procède ainsi :

» Élever au point E (pl. 7, fig. 1) une perpendiculaire ; mesurer l'angle
» qu'elle fait avec la ligne C E, et reporter cet angle sur l'instrument. Mar-
» quer sur le plateau la direction E G, au moyen d'un trou ou repère qui
» permet d'y fixer l'alidade (pl. 3). Cette disposition permettra de placer et
» d'orienter facilement l'instrument. Exemple. A bord du *Montebello*, l'angle
» de repère C E G, compté à partir du rouge en retraite est de 22° 30′
» (pl. 3).

Montant mobile.

» § 62. Le montant mobile se compose de deux parties (pl. 4). La pre-
» mière porte les degrés de bande, et est graduée, à partir de son milieu, de
» 0° à 10°, au-dessus et au-dessous. La longueur de cette partie du montant
» sera donc au moins égale au double de la tangente de 10°, correspondante
» à un rayon égal à $0^m,40$; $0^m,40$ est la distance du zéro de l'échelle au
» sommet du guidon du montant fixe. Cette longueur est augmentée de la
» hauteur du curseur qui glisse sur les branches du montant fixe.

» La longueur de cette partie du montant mobile et la grandeur des divi-
» soins qu'elle porte ne dépendent que de la longueur de l'alidade, et sout,
» par conséquent, invariables pour tous les bâtiments.

Graduation pour la bande.

» § 63. La longueur x de la graduation pour dix degrés de bande a été
» calculée par la formule.

$$x = 0^m,40 \text{ tang. } 10° = 70^m,53.$$

» On a obtenu la longueur pour un degré, en divisant x par 10. La
» petitesse des angles rend ce procédé aussi exact, pour la pratique, que si
» l'on calculait les tangentes de degré en degré.

Hauteur du montant fixe ou masse de mire.

» Cette graduation des branches du montant mobile détermine la hauteur
» de la masse de mire, comme il suit :

» Quand le montant mobile repose sur sa boîte, la ligne qui passe par le
» fond du cran du curseur à zéro et le sommet du guidon, doit être parallèle
» au plan de l'instrument (pl. 3 et 4).

Queue du montant mobile ou hausse.

» § 64. La seconde partie du montant mobile est la queue. Sa longueur
» et ses graduations varient suivant la hauteur de l'instrument au-dessus
» de l'eau, et sont déterminées par la condition suivante :

Hauteur de la queue.

» Le bâtiment étant droit, le curseur à zéro, il faut qu'en élevant la queue,
» la ligne de mire vienne rencontrer la flottaison d'un bâtiment placé à
» diverses distances. Plus ce bâtiment sera près, plus le montant mobile
» devra être élevé dans sa boîte.

» En adoptant 100 mètres pour distance minimum du bâtiment visé,
» l'angle de dépression sera donné par la formule.

$$h = 100^{\mathrm{m}} \text{ tang. } D.$$

» h est l'élévation de l'instrument au-dessus de l'eau.
» D est l'angle de dépression.

» En appelant x', la hauteur à donner à la queue du montant, la
formule.

$$x' = 0^{\mathrm{m}},40 \text{ tang. } D \text{ (1)}.$$

» donne la valeur maximum de x', puisque D se rapporte à la distance mi-
» nimum. Il n'y a plus qu'à ajouter à cette hauteur une quantité suffisante
» pour que la vis de pression puisse fonctionner.

Graduation de la queue.

» On calcule comme précédemment les angles de dépression D′, D″, etc.,
» pour 200, 300 mètres, etc., et on détermine toutes les graduations de la
» queue qui correspondent à ces angles, en remplaçant, dans la formule (1),
» D par D′, D″, etc. Exemple : pour le vaisseau le *Montebello*.

Hauteur de l'instrument au-dessus de l'eau : 10ᵐ80.

DISTANCE DE LA FLOTTAISON ennemie.	ANGLE DE DÉPRESSION.	GRADUATION DE LA QUEUE.
100 mètres.	6° 10′.	0ᵐ043
200.	3° 05′.	0 021
300.	2° 03′.	0 014
400.	1° 32′.	0 009
500.	1° 14′.	0 008
600.	1° 01′.	0 007

Chapeau.

§ 65. Le chapeau se place sur le montant fixe et sert à faire varier la
» hauteur du point de mire fourni par ce dernier. La hauteur du chapeau
» est déterminée par la condition suivante :

» Quand le bâtiment est droit, le curseur à zéro, et le montant mobile
» au repos sur sa boîte, il faut qu'en élevant le chapeau, la ligne qui passe
» par le fond du cran du curseur et le sommet du chapeau aille rencontrer,
» par exemple, les barres de grand perroquet d'un vaisseau de troisième
» rang (1).

Hauteur des graduations.

» Comme, d'ailleurs, le chapeau est maintenu sur le montant fixe par une

(1) « La mâture de ces vaisseaux est en effet une moyenne entre les mâtures des
» bâtiments de ligne, tant français qu'étrangers. »

» vis de pression et que sa hauteur au-dessus du plateau ne peut dépasser
» celle du montant fixe lui-même. la longueur dont on dispose pour les gra-
» duations sera égale à celle du montant fixe diminuée de la quantité néces-
» saire pour placer la vis de pression. Toutefois, comme l'élévation du
» sommet du guidon au-dessus du plateau est de $0^m,09$, on pourra faire
» entrer sur le chapeau la graduation pour les barres à partir de 200 mè-
» tres, et, pour la hune, à partir de 100^m, à bord d'un vaisseau de premier
» rang. On le pourra, à plus forte raison, pour les bâtiments de rang
» inférieur (§ 182).

» Sur la face de droite du chapeau, on trouve la graduation qui répond
» aux hunes, de 100 en 100 mètres, depuis 100 jusqu'à 600 mètres ; sur
» la face de gauche est la graduation qui convient aux barres, donnée de
» même depuis 200 jusqu'à 800 mètres.

Longueur maximum.

» § 66. La longueur maximum a été obtenue par la proportion :

$$\frac{x''}{h'} = \frac{0^m,40}{200^m} \quad \dots \dots \dots \quad (2)$$

» h', est la hauteur des barres au-dessus de l'instrument.
» $0^m,40$, la distance du zéro du montant mobile au sommet du guidon ;
» x'', la longueur cherchée, qu'on devra augmenter de la quantité néces-
» saire pour placer la vis de pression, c'est-à-dire, de $0^m,012$.

Longueur des divisions.

» En remplaçant, dans la formule (2), 200 mètres par 300, 400 mètres,
» etc., on a obtenu les graduations du chapeau pour les barres,
» En remplaçant h', par la hauteur de la hune au-dessus de l'instrument,
» et 200 mètres par 100, 200, 300 mètres, etc., on trouve les graduations
» du chapeau pour la hune.
» Les graduations du chapeau dépendant de l'élévation de l'instrument
» au-dessus de la flottaison, varient nécessairement pour chaque navire.

III. — Calcul de la graduation des règles de pointage.

Graduation de la hausse.

» § 67. La hausse des règles est calculée de telle manière, qu'en poin-
» tant une pièce, au moyen d'une de ces règles, sur un bâtiment placé à
» 400 mètres, par exemple, la ligne de mire artificielle de cette pièce soit
» dirigée sur la flottaison, lorsque la hausse ordinaire est placée à deux
» encablures, et le bâtiment droit.

Hauteur de la boîte.

» La boîte mobile, ayant son arête inférieure en contact avec celle du pied
» de la règle, l'arête supérieure de cette boîte, qui sert d'index pour la
» graduation de la hausse, doit se trouver sur la graduation qui correspond
» à   800 mètres ou quatre encablures (1).
» Quand la culasse doit être élevée au maximum, il faut que la règle reste
» encore engagée dans la boîte d'une quantité suffisante pour laisser mordre
» la vis de pression ; quand, au contraire, la culasse est abaissée au maxi-
» mum, il faut que le pied de la règle puisse rentrer dans la boîte de la
» quantité nécessaire, sans être arrêtée par l'adent de l'affût.
» Ainsi, la longueur de la boîte doit être au moins la somme des gradua-
» tions des hausses dans les deux sens, augmentée de la quantité nécessaire
» au jeu de la vis de pression.

Longueur des graduations.

» § 68. Les graduations de la hausse ont été obtenues par la formule.

$$x''' = \mathrm{R} \; sin \; (\varphi - \mathrm{D}) \ldots \ldots \ldots (3)$$

» R, distance comptée sur l'axe, du trait de la plate-bande de culasse au
» centre des tourillons.

(1) Dans le principe on avait pensé qu'il était convenable de borner l'emploi du
tir convergent à 800 mètres ; actuellement, on trouve avantageux d'étendre au-delà
les indications portées sur les règles ; il sera question de cette disposition dans les
paragraphes qui suivent.

φ, angle de projection pour la distance à laquelle on tire.

» D, angle de dépression pour la même distance, et pour la hauteur au-
» dessus de l'eau, de l'axe de la pièce qui tire.

» x''', graduation cherchée.

» On a adopté 100 mètres pour distance minimum et 800^m pour distance
» maximum, comprises dans la graduation. En remplaçant donc, dans la
» formule (3), φ, par la valeur de l'angle de projection à 100 mètres, et D
» par la valeur de l'angle de dépression qui convient à cette distance et à la
» hauteur de l'axe d'une pièce placée sur les gaillards d'un vaisseau à trois
» ponts, on aura pour D, la valeur maximum, pour φ la valeur minimum, et
» pour x''' la valeur maximum négative, c'est-à-dire, la plus grande lon-
» gueur à porter au-dessous du zéro.

» En remplaçant φ et D par leurs valeurs pour une distance de 800 mètres
» et pour la même élévation de la pièce, on obtiendra la valeur maximum
» positive de x''', ou la plus grande longueur à porter au-dessus du zéro.

» En ajoutant donc à la somme de ces deux valeurs de x''', la quantité
» nécessaire pour le placement de la vis de pression, on aura la hauteur de
» la boîte.

» Cette hauteur maximum ayant été trouvée de $0^m,110$, on a donné cette
» dimension à un modèle de boîte, uniforme pour tous les calibres et qui,
» pouvant servir aux pièces des gaillards d'un vaisseau à trois ponts, rem-
» plira, *à fortiori*, les conditions requises pour toutes les autres pièces.

» § 69. On doit remarquer que les variations de l'angle de dépression,
» pour diverses hauteurs de batterie, sont beaucoup plus fortes que celles de
» l'angle de projection pour différents calibres ; on est donc toujours sûr que
» les boîtes de règles qui suffisent aux pièces des gaillards d'un vaisseau à
» trois ponts suffiront pour toutes les batteries, aux mêmes distances de tir. »

Si l'on veut augmenter l'étendue des indications des règles, et les graduer,
par exemple, jusqu'à six et même huit encablures, il sera convenable, pour
ne pas augmenter démesurément la longueur des boîtes, d'adopter la disposition suivante :

Sur la base de la boîte et sur la même face que la vis de pression, on
laisse ou on adapte, au besoin, un talon en métal, d'équerre avec la boîte et
de $0^m,03$ de longueur.

Au lieu d'appuyer la boîte elle-même sur l'adent de l'affût, on n'y posera que le talon, de sorte que la règle pourra glisser librement à l'intérieur de la flasque, jusqu'à telle hauteur qu'on aura jugé utile de donner à la hausse.

Néanmoins, si l'on veut se borner à graduer les hausses jusqu'à six encablures seulement, la disposition spéciale que nous venons d'indiquer n'aura d'application que pour les pièces des gaillards des vaisseaux à trois ponts,

Si ces pièces sont des caronades, il suffira de pratiquer sur la semelle, à l'endroit où porte le pied de la règle, une petite mortaise de $0^m,032$ sur $0,022$ d'équarrisage et de $0^m,04$ de profondeur, dans laquelle la règle pourra entrer au besoin, sans qu'il y ait rien à changer à la boîte.

» § 70. Pour obtenir les graduations intermédiaires des hausses, on » remplace, dans la formule (3), φ par la valeur de l'angle de projection » pour les distances de 200, 300 mètres, etc., D par la valeur de l'angle » de dépression qui correspond aux mêmes distances et aux différentes hau- » teurs des pièces suivant leur batterie, et $\hat{R}$ par la quantité qui convient » aux différents calibres.

» Les valeurs de x''', ainsi obtenues, sont portées au-dessous du zéro » toutes les fois que D est plus grand que φ. et au-dessus du zéro dans le » cas contraire (pl. 5). »

Les tables qui suivent évitent la peine de faire ces calculs.

La table I donne la valeur des angles de projection, pour diverses distances et pour chaque calibre (1).

La table II donne la valeur des angles de dépression, pour les hauteurs de mètre en mètre, et pour diverses distances.

La table III, calculée au moyen des deux précédentes (2) par la formule (3), donne immédiatement les graduations des hausses en fonction de l'élévation de la pièce au-dessus de l'eau et de l'élévation du point à frapper.

Les hauteurs sont prises de mètre en mètre et les distances de 200 en 200 mètres.

---

(1) Cette table est un extrait des « Tables pour la graduation des curseurs. » Accessoires des bouches à feu, — 24 février 1852.— Publication officielle. Les seuls angles relatifs à la caronade de 30 ont été tirés de l'Aide-mémoire d'artillerie navale de Lafay.

(2) Par MM. Allemand, lieutenant de vaisseau, Bouju et Lewal enseignes de vaisseau.

TABLES.

(Elles ont été remplacées plus tard par des Tables plus générales).

TABLE I.

ANGLE DE PROJECTION OU φ.

DÉSIGNATION DES BOUCHES A FEU.	ESPÈCES de BOULETS.	CHARGES DE POUDRE. En fraction du poids du boulet plein.	en kilogr.	DISTANCES EN MÈTRES. 100.	200.	400.	600.	800.	1,000	1,200
Canons. de 50.	Plein.	1/3....	8k,000	0°03'58''	0°14'19''	0°36'40''	1°02'12''	1°30'31''	2°02'39''	2°38'42''
		1/4....	6,000	0 05 09	0 16 51	0 40 02	1 10 36	1 42 24	2 17 50	2 57 40
	Creux.	1/4....	6,000	0 03 40	0 12 05	0 32 40	0 57 08	1 25 45	2 00 04	2 42 19
de 36 long.	Plein.	1/3....	6,000	0 00 23	0 09 30	0 30 40	0 56 00	1 26 00	2 02 10	2 44 30
		1/4....	4,500	0 01 10	0 11 20	0 34 30	1 02 20	1 34 50	2 15 10	3 00 20
		1/6....	3,000	0 03 10	0 15 20	0 43 20	1 16 50	1 56 20	2 42 40	3 35 50
	Creux.	1/4....	4,500	»	0 05 30	0 23 10	0 46 30	1 16 00	1 55 00	2 45 40
		1/6....	3,000	»	0 08 20	0 29 50	0 58 10	1 33 40	2 19 50	3 18 50
de 30 n° 1.	Plein	1/3....	5,000	0 00 38	0 11 02	0 34 20	1 01 30	1 32 45	2 09 05	2 51 25
		1/4....	3,750	0 01 46	0 13 23	0 39 26	1 09 46	1 44 39	2 25 11	3 11 25
		1/6....	2,500	0 04 04	0 18 09	0 49 43	1 25 58	2 08 42	2 56 41	3 52 04
	Creux.	1/4....	3,750	0 03 21	0 11 33	0 30 52	0 55 03	1 25 04	2 03 16	2 50 16
		1/6....	2,500	0 04 49	0 14 40	0 37 53	1 06 54	1 42 54	2 28 03	3 24 01
de 30 n° 2.	Plein	1/3....	5,000	0 02 00	0 08 48	0 33 01	1 01 14	1 33 40	2 11 23	2 54 27
		1/4....	3,750	0 00 51	0 11 11	0 38 09	1 09 34	1 45 46	2 27 39	3 15 28
		1/6....	2,500	0 01 30	0 16 03	0 48 41	1 26 09	2 10 19	2 59 51	3 55 41
	Creux.	1/4....	3,750	0 01 36	0 10 03	0 30 02	0 55 02	1 26 03	2 04 57	2 53 18
		1/6....	2,500	0 03 06	0 13 16	0 37 17	1 07 10	1 44 18	2 31 00	3 27 37
de 30 n° 3.	Plein	1/5....	3,000	0 06 47	0 18 20	0 44 52	1 16 24	1 52 53	2 34 22	3 20 15
		1/6....	2,500	0 08 11	0 20 57	0 50 28	1 25 19	2 05 38	2 51 25	3 42 50
	Creux.	1/5....	3,080	0 04 24	0 13 42	0 36 30	1 05 13	1 40 52	2 23 20	3 13 50
		1/6....	2,500	0 04 50	0 15 04	0 40 07	1 11 39	1 50 50	2 37 30	3 32 10
de 30 n° 4.	Plein	1/6....	2,500	0 03 28	0 16 28	0 46 28	1 21 03	1 59 44	2 42 13	3 28 54
	Creux.	1/6....	2,500	0 01 20	0 12 49	0 40 54	1 14 15	1 51 55	2 34 06	3 22 12
Canon-obusier de 30	Plein.	»	2,000	0 07 47	0 23 43	0 59 28	1 40 28	2 27 54	3 22 55	4 22 13
	Creux.	»	2,000	0 07 32	0 19 16	0 47 00	1 21 12	2 04 30	2 57 24	4 02 21
		»	1,500	0 09 43	0 23 53	0 57 21	1 38 38	2 30 06	3 33 18	4 47 30
Obusier de 22c n° 1.1841.	Creux.	»	3,500	0 02 46	0 17 41	0 52 36	1 34 02	2 23 47	3 22 34	4 30 06
Obusier de 22c n° 1.1842.	Idem	»	3,500	0 06 31	0 20 44	0 52 18	1 29 03	2 12 13	3 02 15	3 59 08
Obusier de 22c n° 2.	Idem	»	3,000	0 03 44	0 20 47	0 59 19	1 44 44	2 37 23	3 39 11	4 50 04
Caronade de 30.	Plein	»	1,600	»	0 07 50	0 51 50	1 42 13	2 40 26	3 44 36	4 53 40
	Creux.	»	1,600	»	0 16 26	0 55 31	1 43 44	2 43 39	3 54 20	5 19 20

TABLE II.

ANGLE DE DÉPRESSION OU D.

ÉLÉVATION au-dessus de LA FLOTTAISON	DISTANCE DU POINT VISÉ.				
	100m.	200m.	400m.	600m.	800m.
Mètres.					
1	0°36′	0°18′	0°09′	0°06′	0°04′
2	1 09	0 36	0 18	0 12	0 08
3	1 42	0 54	0 27	0 18	0 12
4	2 18	1 09	0 36	0 24	0 17
5	2 51	1 27	0 43	0 30	0 22
6	3 27	1 45	0 51	0 35	0 27
7	4 00	2 01	1 00	0 40	0 31
8	4 36	2 18	1 09	0 45	0 35
9	5 09	2 35	1 17	0 50	0 39

TABLE III.

GRADUATION DES HAUSSES DES RÈGLES DE POINTAGES EN HAUTEUR.

CANONS DE 50.

BOULET PLEIN. — CHARGE DE 6 KILOGRAMMES.

Distance.	100m.		200m.		400m.		600m.		800m.	
φ	0° 15'.		0° 17'.		0° 40'.		1° 11'.		1° 42'.	
$h.$	φ—D.	x'''	φ—D.	x'''	φ—D.	x'''	φ—D.	x'''	φ—D.	x'''
Mètres.		Millimètr.		Millimètr.		Millimètr.		Millimètr.		Millimètr.
2.	—1°04'	22.0	—0°19'	6.0	+0°22'	7.7	+0°39'	20.6	+1°34'	32.8
3.	—1 37	33.8	—0 37	13.0	+0 13	4.6	+0 53	18.4	+1 30	31.4
4.	—2 14	46.9	—0 52	18.2	+0 04	1.4	+0 47	16.4	+1 25	29.6
5.	—2 47	58.3	—1 10	24.4	—0 01	1.0	+0 41	14.3	+1 20	28.0
0.	Millimètres. +1.6		Millimètres. +6.1		Millimètres. +14.0		Millimètres. +24.7		Millimètres. +35.4	

CANONS DE 50.   1m194   DEGRÉ DE BANDE = 20mm.9.

BOULET CREUX. — CHARGE DE 6 KILOGRAMMES.

	100m.		200m.		400m.		600m.		800m.	
	0° 04'.		0° 12'.		0° 33'.		0° 57'.		1° 26'.	
	φ—D.	x'''	φ—D.	x'''	φ—D.	x'''	φ—D.	x'''	φ—D.	x'''
		Millimètr.		Millimètr.		Millimètr.		Millimètr.		Millimètres
2.	—1°05'	22.4	—0°24'	8.3	+0°15'	5.2	+0°45'	15.8	+1°18'	27.2
3.	—1 38	34.2	—0 42	14.7	+0 06	2.1	+0 39	13.6	+1 14	25.8
4.	—2 15	47.3	—0 57	19.9	—0 03	1.0	+0 33	11.6	+1 09	24.0
5.	—2 48	58.7	—1 15	26.1	—0 01	3.3	+0 27	9.5	+1 04	22.4
0.	Millimètres. +1.3		Millimètres. +4.3		Millimètres. +11.6		Millimètres. +19.9		Millimètres. +29.9	

CANONS DE 36 LONGS.   R=

BOULETS PLEINS, CHARGE AU 1/4. — BOULET CREUX, CHARGE AU 1/6.

Distance.	100m.		200m.		400m.		600m.		800m.	
φ	0° 01'.		0° 11'.		0° 34'.		1° 02'.		1° 35'.	
$h.$	φ—D.	x'''	φ—D.	x'''	φ—D.	x'''	φ—D.	x'''	φ—D.	x'''
Mètres.		Millimètr.		Millimètr.		Millimètr.		Millimètr.		Millimètr.
2.	—1°08'	23.3	—0°25'	8.6	+0°16'	5.7	+0°50'	17.6	+1°27'	30.5
3.	—1 41	35.1	—0 43	15.0	+0 07	2.6	+0 44	15.4	+1 23	29.1
4.	—2 17	48.2	—0 58	20.2	—0 02	0.6	+0 38	13.4	+1 18	27.3
5.	—2 50	59.6	—1 16	26.4	—0 09	3.0	+0 32	11.3	+1 13	25.7
0.	Millimètres. +0.3		Millimètres. +3.6		Millimètres. +12.22		Millimètres. +22.6		Millimètres. +31.5	

CANONS DE 36 LONGS.   R= 1m168   DEGRÉ DE BANDE = 20mm.04.

BOULET PLEIN, CHARGE DE 1/6.

	100m.		200m.		400m.		600m.		800m.	
	0° 03'.		0° 15'.		0° 43'.		1° 17'.		1° 50'.	
	φ—D.	x'''	φ—D.	x'''	φ—D.	x'''	φ—D.	x'''	φ—D.	x'''
		Millimètre.		Millimètre		Millimètres.		Millimètres.		Millimètres.
2.	—1°06'	22.7	—0°21'	7.3	+0°25'	8.2	+1°05'	22.8	+1°48'	37.8
3.	—1 39	34.5	—0 39	13.7	+0 16	5.1	+0 59	20.6	+1 44	36.4
4.	—2 15	47.6	—0 54	18.9	+0 07	2.5	+0 53	18.6	+1 39	34.6
5.	—2 48	59.0	—1 12	25.1	+0 00	0.0	+0 47	16.5	+1 34	33.0
0.	Millimètres. +0.9		Millimètres. +5.4		Millimètres. +17.3		Millimètres. +28.1		Millimètres. +42.6	

CANONS DE 30 N° 1   R =

BOULET PLEIN, CHARGE AU 1/4. — BOULET CREUX, CHARGE AU 1/6.

Distance.	100m.		200m.		400m.		600m.		800m.	
φ	0°01′.		0°13′.		0°39′.		1°10′.		1°45′.	
$h.$	φ—D.	x'''.	φ—D.	x'''.	φ—D.	x'''.	φ—D.	x'''.	φ—D.	x'''.
Mètres.		Millimètr.		Millimètr.		Millimètr.		Millimètr.		Millimètr.
2.	—1°08′	22.1	—0°23	7.7	+0°21′	7.7	+0°58′	18.2	+1°37′	30.7
3.	—1 41	32.6	—0 41	13.4	+0 12	3.8	+0 52	16.3	+1 33	29.8
4.	—2 17	44.1	—0 56	18.2	+0 08	0.6	+0 46	14.4	+1 28	27.8
5.	—2 50	54.7	—1 14	24.0	+0 04	1.0	+0 40	12.5	+1 23	26.9
0.	Millimètres. +0.3.		Millimètres. +4.1		Millimètres. +12.8		Millimètres. +22.7		Millimètres. +33.3.	

CANONS DE 30 N° 2.   R =

BOULET PLEIN, CHARGE AU 1/4. — BOULET CREUX, CHARGE AU 1/6.

Distances.	100m.		200m.		400m.		600m.		800m.	
φ	0°01′.		0°11′.		0°38′.		1°10′.		1°40′.	
$h.$	φ—D.	x'''.	φ—D.	x'''.	φ—D.	x'''.	φ—D.	x'''.	φ—D.	x'''.
Mètres.		Millimètr.		Millimètr.		Millimètr.		Millimètr.		Millimètr.
2.	—1°08′	18.1	—0°25′	6.3	+0°20′	5.5	+0°58′	14.9	+1°38′	25.4
3.	—1 41	26.7	—0 48	11.0	+0 11	3.1	+0 52	13.4	+1 34	24.3
4.	—2 17	36.1	—0 58	14.9	+0 02	0.6	+0 46	11.8	+1 29	23.0
5.	—2 50	44.7	—1 16	19.6	—0 05	1.2	+0 40	10.5	+1 24	22.0
0.	Millimètres. +0.3.		Millimètres. +3.1		Millimètres. +9.9		Millimètres. +18.7		Millimètres. +28.2.	

1m092   DEGRÉ DE BANDE = 13mm

BOULET PLEIN, CHARGE AU 1/6.

	100m.		200m.		400m.		600m.		800m.	
	0°04′.		0°18′.		0°50′.		1°26′.		2°03′.	
	φ—D.	x'''.	φ—D.	x'''.	φ—D.	x'''.	φ—D.	x'''.	φ—D.	x'''.
		Millimètr.		Millimètr.		Millimètres.		Millimètres		Millimètres
	—1°05′	21.4	—0°18′	5.8	+0°32′	10.6	+1°14′	24.0	+2°01′	39.1
	—1 38	31.9	—0 36	11.6	+0 23	7.7	+1 08	22.1	+1 57	37.4
	—2 14	43.4	—0 51	16.3	+0 04	4.8	+1 02	20.2	+1 52	35.5
	—2 47	54.0	—1 09	22.1	+0 07	1.9	+0 56	18.2	+1 47	34.6
	Millimètres. +1.0		Millimètres. +6.0		Millimètres. +16.0		Millimètres. +27.2.		Millimètres. +41.9	

0m930   DEGRÉ DE BANDE = 13mm

BOULET PLEIN, CHARGE AU 1/6.

	100m.		200m.		400m.		600m.		800m.	
	0°02′.		0°16′.		0°49′.		1°26′.		2°10′.	
	φ—D.	x'''.	φ—D.	x'''.	φ—D.	x'''.	φ—D.	x'''.	φ—D.	x'''.
		Millimètr.		Millimètr.		Millimètres.		Millimètres.		Millimètres,
	—1°07′	18.4	—0°20″	4.7	+0°31′	8.6	+1°14′	19.3	+2°02′	31.7
	—1 40	27.0	—0 38	9.4	+0 22	6.0	+1 08	18.0	+1 58	30.6
	—2 16	36.4	—0 53	13.4	+0 13	3.6	+1 02	16.2	+1 53	29.4
	—2 49	45.0	—1 11	18.1	+0 06	2.0	+0 56	14.6	+1 48	28.0
	Millimètres. +0.6		Millimètres. +4.5		Millimètres. +12.2		Millimètres. +22.6		Millimètres. +34.6	

CANONS DE 30 N° 3.   R = 0ᵐ830

BOULET PLEIN, CHARGE AU 1/6.

h. Mètres.	100ᵐ. 0°08'. φ—D.	x'''. Millimètr	200ᵐ. 0°21'. φ—D.	x'''. Millimètr.	400ᵐ. 0°50'. φ—D.	x'''. Millimètr.	600ᵐ. 1°25'. φ—D.	x'''. Millimètr.	800ᵐ. 2°06'. φ—D.	x'''. Millimètr.
1.	−0°28'	6.6	+0°03'	0.7	+0°41'	9.6	+1°19'	18.3	+2°02'	28.4
2.	−1 01	14.2	−0 15	3.5	+0 32	7.5	+1 13	17.0	+1 58'	27.4
3.	−1 34	21.8	−0 33	7.7	+0 28	5.5	+1 07	15.6	+1 54	26.5
4.	−2 10	30.2	−0 48	11.2	+0 14	3.8	+1 01	14.2	+1 49	25.3
5.	−2 43	37.9	−1 06	15.4	+0 07	1.6	+0 55	12.8	+1 44	24.2
6.	−3 19	46.3	−1 25	19.5	−0 01	0.2	+0 50	11.7	+1 39	23.0
7.	−3 52	53.9	−1 40	23.2	−0 10	2.3	+0 45	10.5	+1 35	22.1
8.	−4 28	62.3	−1 57	27.2	−0 19	4.4	+0 40	9.3	+1 31	21.0
9.	−5 01	69.9	−2 14	31.2	−0 27	6.3	+0 35	8.2	+1 27	20.2
0.	Millimètres.	+1.8	Millimètres.	+5.1	Millimètres.	+11.6	Millimètres.	+19.8	Millimètres.	+28.8

0ᵐ830   DEGRÉ DE BANDE = 14ᵐᵐ.

BOULET CREUX, CHARGE AU 1/6.

h.	100ᵐ. 0°05'. φ—D.	x'''. Millimètr	200ᵐ. 0°16'. φ—D.	x'''. Millimètr	400ᵐ. 0°41'. φ—D.	x'''. Millimètres.	600ᵐ. 1°12'. φ—D.	x'''. Millimètres.	800ᵐ. 1°51'. φ—D.	x'''. Millimètres.
1.	−0°31'	7.2	−0°02'	0.5	+0°32'	7.5	+1°06'	15.4	+1°47'	25.0
2.	−1 04	14.9	−0 20	4.7	+0 23	5.4	+1 00	14.0	+1 43	23.9
3.	−1 37	22.5	−0 38	9.0	+0 14	3.3	+0 54	12.6	+1 39	23.0
4.	−2 13	30.9	−0 53	12.4	+0 05	1.2	+0 48	11.2	+1 34	21.8
5.	−2 46	38.6	−1 11	16.6	−0 02	0.5	+0 42	9.8	+1 29	20.7
6.	−3 22	47.0	−1 29	20.7	−0 10	2.3	+0 37	8.6	+1 24	19.5
7.	−3 55	54.6	−1 45	24.4	−0 19	4.4	+0 32	7.5	+1 20	18.6
8.	−4 31	63.0	−2 02	28.4	−0 28	6.5	+0 28	6.5	+1 16	17.7
9.	−5 04	70.6	−2 19	32.4	−0 36	8.4	+0 23	5.4	+1 12	16.8
0.	Millimètres.	+1.2	Millimètres.	+3.8	Millimètres.	+9.6	Millimètres.	+16.8	Millimètres.	+25.7

CANONS DE 30 N° 4.   R = 0ᵐ800   DEGRÉ DE BANDE = 14ᵐᵐ.

BOULET PLEIN, CHARGE AU 1/6.

h. Mètres.	100ᵐ. 0°08'. φ—D.	x'''. Millimètr	200ᵐ. 0°16'. φ—D.	x'''. Millimètr	400ᵐ. 0°46'. φ—D.	x'''. Millimètr	600ᵐ. 1°21'. φ—D.	x'''. Millimètr	800ᵐ. 2°00'. φ—D.	x'''. Millimètr
1.	−0°33'	7.7	−0°02'	0.5	+0°37'	8.6	+1°15'	17.5	+1°56'	27.0
2.	−1 06	15.4	−0 20	4.7	+0 28	6.5	+1 09	16.1	+1 52	26.0
3.	−1 39	23.0	−0 38	8.9	+0 19	4.4	+1 03	14.7	+1 48	25.1
4.	−2 15	31.4	−0 53	12.4	+0 10	2.3	+0 57	13.3	+1 43	23.9
5.	−2 48	39.1	−1 11	16.0	+0 03	0.7	+0 51	11.9	+1 38	22.8
6.	−3 24	47.4	−1 29	20.7	−0 05	1.2	+0 46	10.7	+1 34	21.8
7.	−3 57	55.1	−1 45	24.4	−0 14	3.3	+0 41	9.6	+1 29	20.7
8.	−4 33	63.5	−2 02	28.4	−0 23	5.4	+0 36	8.4	+1 25	19.7
9.	−5 06	71.1	−2 19	32.3	−0 31	7.2	+0 31	7.2	+1 21	18.8
0.	Millimètres.	+0.7	Millimètres.	+3.7	Millimètres.	+10.7	Millimètres.	+18.8	Millimètres.	+27.9

0ᵐ800   DEGRÉ DE BANDE = 14ᵐᵐ.

BOULET CREUX, CHARGE AU 1/6.

h.	100ᵐ. 0°01'. φ—D.	x'''. Millimètr	200ᵐ. 0°13'. φ—D.	x'''. Millimètr	400ᵐ. 0°41'. φ—D.	x'''.	600ᵐ. 1°14'. φ—D.	x'''.	800ᵐ. 1°52'. φ—D.	x'''. Millimètres.
1.	−0°35'	8.2	−0°05'	1.2	+0°32'	7.5	+1°08'	15.7	+1°48'	25.1
2.	−1 08	15.8	−0 23	5.5	+0 23	5.4	+1 02	14.4	+1 44	24.1
3.	−1 41	23.4	−0 41	9.7	+0 14	3.4	+0 56	13.0	+1 40	23.4
4.	−2 17	31.3	−0 56	13.2	+0 05	1.2	+0 50	11.6	+1 35	22.0
5.	−2 50	39.5	−1 14	17.4	−0 02	0.5	+0 44	10.2	+1 30	20.9
6.	−3 26	47.9	−1 32	21.5	−0 10	2.3	+0 39	9.1	+1 25	19.7
7.	−3 59	55.5	−1 48	25.2	−0 19	4.4	+0 34	7.9	+1 21	18.8
8.	−4 35	63.9	−2 05	29.2	−0 28	6.5	+0 29	6.7	+1 17	17.7
9.	−5 08	71.5	−2 22	33.2	−0 36	8.4	+0 24	5.6	+1 13	16.9
0.	Millimètres.	+0.2	Millimètres.	+3.2	Millimètres.	+9.5	Millimètres.	+17.1	Millimètres.	+25.9

CANONS-OBUSIERS DE 30. R = 0m730. DEGRÉ DE BANDE = 12mm.

BOULET PLEIN, CHARGE DE 2 KILOGRAMMES. — BOULET CREUX, CHARGE DE 1k500.

Distances.	100m. 0°08'		200m. 0°24'		400m. 0°59'		600m. 1°40'		800m. 2°28'	
h.	φ—D.	x'''	φ—D.	x'''	φ—D.	x'''	φ—D.	x'''	φ—D.	x'''
Mètres	Millimètre		Millimètre		Millimètre		Millimètre		Millimètre	
1.	−0°28'	5.9	+0°06'	1.2	+0°50'	10.7	+1°34'	19.8	+2°24'	30.7
2.	−1 01	13.0	−0 12	2.4	+0 41	8.8	+1 28	18.7	+2 20	29.8
3.	−1 34	19.9	−0 30	6.4	+0 32	6.8	+1 22	17.4	+2 16	28.7
4.	−2 10	27.6	−0 45	9.6	+0 23	4.9	+1 16	16.2	+2 11	27.9
5.	−2 43	34.7	−1 03	13.4	+0 14	3.0	+1 10	14.9	+2 06	26.9
6.	−3 19	42.4	−1 21	17.2	+0 08	1.7	+1 05	13.9	+2 01	25.8
7.	−3 52	40.2	−1 37	20.4	−0 01	0.2	+1 00	12.8	+1 57	25.0
8.	−4 28	57.0	−1 54	24.5	−0 10	2.1	+0 55	11.7	+1 53	24.1
9.	−5 01	64.1	−2 11	27.9	−0 18	3.8	+0 50	10.7	+1 49	23.0
0.	Millimètres. +1.7		Millimètres. +5.0		Millimètres. +12.6		Millimètres. +21.0		Millimètres. +32.5	

BOULET CREUX. — CHARGE DE 6 KILOGRAMMES.

	100m. 0°08'		200m. 0°19'		400m. 0°47'		600m. 1°21'		800m. 2°04'	
	φ—D.	x'''	φ—D.	x'''	φ—D.	x'''	φ—D.	x'''	φ—D.	x'''
	Millimètr.		Millimètr.		Millimètr.		Millimètr.		Millimètr.	
1.	−0°28'	6.0	−0°01'	0.2	+0°38'	8.1	+1°15'	16.0	+2°00'	25.6
2.	−1 01	13.0	−0 17	3.6	+0 29	6.2	+1 09	14.7	+1 56	24.7
3.	−1 34	20.0	−0 35	7.4	+0 20	4.3	+1 03	13.4	+1 52	23.8
4.	−2 10	27.7	−0 50	10.7	+0 11	2.3	+0 57	12.1	+1 47	22.8
5.	−2 43	34.5	−1 08	14.5	+0 04	0.8	+0 51	10.9	+1 42	21.7
6.	−3 19	42.4	−1 26	18.3	−0 04	0.8	+0 46	9.6	+1 38	20.9
7.	−3 52	49.4	−1 42	21.8	−0 13	2.7	+0 41	8.8	+1 33	19.8
8.	−4 28	57.1	−1 59	25.0	−0 22	4.7	+0 36	7.6	+1 29	18.9
9.	−5 01	63.9	−2 16	29.0	−0 30	6.4	+0 31	6.6	+1 25	18.0
0.	Millimètres. +1.8		Millimètres. +4.0		Millimètres. +10.0		Millimètres. +17.2		Millimètres. +26.4	

OBUSIERS DE 22c No 1, MODÈLE 1841. — R = 0m930. — DEGRÉ DE BANDE = 16mm0.

BOULET CREUX, CHARGE DE 3k500.

Distances.	100m. 0°03'		200m. 0°24'		400m. 0°53'		600m. 1°34'		800m. 2°24'	
h.	φ—D.	x'''	φ—D.	x'''	φ—D.	x'''	φ—D.	x'''	φ—D.	x'''
Mètres.	Millimètr.		Millimètr.		Millimètr.		Millimètr.		Millimètr.	
2.	−1°06'	18.2	−0°18'	4.1	+0°35'	9.6	+1°22'	21.4	+2°16'	35.2
3.	−1 39	26.8	−0 36	8.8	+0 26	7.0	+1 16	20.1	+2 12	34.2
4.	−2 15	36.2	−0 51	12.8	+0 17	4.6	+1 10	18.3	+2 07	33.0
5.	−2 48	44.8	−1 09	17.5	+0 10	3.0	+1 04	16.7	+2 02	31.6
0.	Millimètres. +0.9		Millimètres. +4.1		Millimètres. +13.1		Millimètres. +25.3		Millimètres. +43.7	

OBUSIERS DE 22c No 1, MODÈLE 1842-49. — R = 1m072. — DEGRÉ DE BANDE = 18mm.

BOULET CREUX, CHARGE DE 3k500.

	100m. 0°07'		200m. 0°21'		400m. 0°52'		600m. 1°29'		800m. 2°12'	
	φ—D.	x'''	φ—D.	x'''	φ—D.	x'''	φ—D.	x'''	φ—D.	x'''
	Millimètr.		Millimètr.		Millimètres.		Millimètres.		Millimètres.	
2.	−1°02'	20.2	−0°15'	4.6	+0°34'	11.4	+1°17'	25.2	+2°04'	40.3
3.	−1 35	30.7	−0 33	10.4	+0 25	8.5	+1 11	23.3	+2 00	38.6
4.	−2 11	42.2	−0 48	15.1	+0 16	5.6	+1 05	21.4	+1 35	36.7
5.	−2 44	52.8	−1 06	20.9	+0 09	2.7	+0 59	19.4	+1 50	35.8
0.	Millimètres. +2.1		Millimètres. +7.3		Millimètres. +16.3		Millimètres. +28.9		Millimètres. +42.5	

OBUSIERS DE 22ᶜ Nᵒ 2. — R = 0ᵐ950. — DEGRÉ DE BANDE = 16ᵐᵐ6.

BOULET CREUX. — CHARGE DE 3 KILOGRAMMES.

Distances.	100ᵐ.		200ᵐ.		400ᵐ.		600ᵐ.		800ᵐ.	
φ	0° 04′.		0°21′		0°59′		1°45′		2°37′.	
$h.$	φ—D.	x'''	φ—D.	x'''	φ—D.	x'''	φ—D.	x'''.	φ—D.	x'''.
Mètres.		Millimètr.		Millimètr.		Millimètr.		Millimètr.		Millimètr.
2.	—1°05′	17. 3	—0°15′	3. 6	+0°41′	11. 0	+1°23′	24. 0	+2°29′	38. 8
3.	—1 38	25. 9	—0 33	8. 3	+0 32	8. 6	+1 17	22. 5	+2 25	37. 7
4.	—2 14	35. 3	—0 48	12. 2	+0 23	6. 1	+1 11	20. 9	+2 20	36. 4
5.	—2 47	43. 9	—1 00	16. 9	—0 16	4. 3	+1 05	19. 6	+2 15	35. 4
0.	Millimètres. +1. 1		Millimètres. +5. 5		Millimètres. +16. 6		Millimètres. +27. 8		Millimètres. +41. 0	

CARONADE DE 30. — R = 0ᵐ830. — DEGRÉ DE BANDE = 14ᵐᵐ.

BOULET PLEIN ET BOULET CREUX, CHARGE DE 1ᵏ600.

Distance.	100ᵐ.		200ᵐ.		400ᵐ.		600ᵐ.		800ᵐ.	
φ	0° 00′.		0°08′.		0°52′.		1°42′.		2°40′.	
$h.$	φ—D.	x'''.	φ—D.	x'''.	φ—D.	x'''.	φ—D.	x'''.	φ—D.	x''.
Mètres.		Millimètr.		Millimètr.		Millimètr.		Millimètr.		Millimèt.
1.	—0° 36′	8. 6	—0°10′	2. 4	+0°43′	10. 1	+1°36′	22. 3	+2°36′	36. 3
2.	—1 09	16. 2	—0 28	6. 5	+0 34	8. 0	+1 30	21. 0	+2 32	35. 3
3.	—1 42	23. 8	—0 46	10. 7	+0 25	6. 0	+1 24	19. 6	+2 28	34. 4
4.	—2 18	32. 2	—1 01	14. 2	+0 16	3. 8	+1 18	18. 2	+2 23	33. 2
5.	—2 51	39. 9	—1 19	18. 4	+0 09	2. 1	+1 12	18. 8	+2 18	32. 1
6.	—3 27	48. 3	—1 37	22. 5	+0 01	0. 2	+1 07	15. 7	+2 13	30. 9
7.	—4 00	55. 9	—1 53	26. 2	—0 08	2. 0	+1 02	14. 5	+2 09	30. 0
8.	—4 36	64. 3	—2 10	30. 2	—0 17	4. 0	+0 57	13. 3	+2 05	28. 9
9.	—5 09	71. 9	—2 27	34. 2	—0 25	5. 9	+0 52	12. 2	+2 01	28. 1
0.	Millimètres. +0. 0		Millimètres. +1. 9		Millimètres. +12. 2		Millimètres. +23. 8		Millimètres. +37. 1	

USAGE DES TABLES.

Usage de la table III.

§ 71. Pour graduer la hausse d'une règle : prendre, dans la colonne verticale de gauche (h), la hauteur au-dessus de l'eau de la pièce considérée ; prendre, dans la ligne horizontale supérieure (distances), la distance du point visé, faire cadrer dans la colonne x'''. Le chiffre trouvé exprime en millimètres, la quantité à porter au-dessus ou au-dessous du zéro de la hausse.

Lorsque l'angle voisin du chiffre trouvé dans la colonne $\varphi - D$ est affecté du signe —, la graduation se porte au-dessous du zéro ; si l'angle a le signe +, la graduation se porte au-dessus du zéro.

Exemple. — Graduer la règle de pointage d'un obusier de 22ᶜ, n° 2, placé en deuxième batterie d'un vaisseau de second rang, à 4ᵐ,50 d'élévation.

Pour 100 mètres de distances on a :

Pour 4 mètres d'élévation....... 35ᵐᵐ3 ⎫ Moyenne 39ᵐᵐ6 avec le signe —
Pour 5 mètres d'élévation....... 43 9 ⎭
200 mètres.. 14 5 avec le signe —
400 mètres.. 5 2 avec le signe +
600 mètres.. 20 2 avec le signe +
800 mètres.. 35 9 avec le signe +

Sur l'une des faces de la règle, à 0ᵐ,012 au-dessus du pied, on tracera une ligne ou coche, qui sera marquée 100ᵐ ou 1⏐2 encablure.

Au-dessus de cette ligne on portera 39ᵐᵐ,6 et on obtiendra ainsi la place du zéro de la hausse.

Au-dessous du zéro on portera................... 14ᵐᵐ5 pour une encablure.
Puis, successivement, au-dessus du zéro on portera.. 5 2 pour deux encablures.
                                                       20 2 pour trois encablures.
                                                       25 9 pour quatre encablures.

§ 72. La graduation précédente suppose qu'on veut concentrer les feux de toutes les batteries sur la flottaison du navire ennemi ; c'est là l'hypothèse générale des tables.

Si l'on voulait concentrer, *à priori*, les feux, à la hauteur de la première batterie par exemple, on opérerait ainsi :

Dans chacune des tables comprises dans la table III, la dernière ligne horizontale *(o)* indique la graduation à porter sur la règle d'une pièce qu'on suppose tirer à la hauteur à laquelle elle est placée elle-même. Cette graduation se porte toujours au-dessus du zéro, puisque, dans ce cas, il n'y a pas concentration, et que l'angle de dépression est nul.

Exemple. — Voulant établir la concentration des feux à la hauteur de la première batterie de l'ennemi, graduer une règle de pointage pour un canon de 30, n° 1, en première batterie, pour un canon de 30, n° 2, en deuxième batterie. . . . etc. . . . ; sachant qu'on tire à boulet plein, charge au 1|6, et que les pièces considérées se trouvent à bord d'un vaisseau de 1er rang, dont la 1re batterie est à 2^m,25 au-dessus de la flottaison ; la 2e batterie à 4^m,50... etc. . . .

La graduation de la règle pour 30, n° 1, en 1re batterie, est celle même portée dans la table, à la dernière ligne horizontale *(o)*.

Ainsi, à 0^m,012 au-dessus du pied de la règle, on marquera *o*. Puis on portera successivement au-dessus : 1^{mm}0 pour 1|2 encablure ; 6^{mm},0 pour une encablure.... etc....

Comme la 2e batterie est concentrée à la hauteur de la 1re, et qu'elle est élevée de 2^m,25 au-dessus de cette dernière ; on entrera dans la table des canons de 30, n° 2, avec 2^m,25 de hauteur, et, prenant la partie proportionnelle de la graduation entre 2 mètres et 3 mètres on obtiendra :

Pour 100 mètres. . . . . 20^{mm}1 avec le signe —
Pour 200 mètres. . . . . 5 9 avec le signe —
Pour 400 mètres. . . . . 8 0 avec le signe +
Pour 600 mètres. . . . . 19 0 avec le signe +
Pour 800 mètres. . . . . 31 4 avec le signe +

Quantités qui seront portées sur la règle comme il a été dit § 71.

Il en serait de même des batteries supérieures.

On voit que, dans ce cas, il faut entrer dans la table, non plus, avec la hauteur au-dessus de l'eau de la pièce que l'on considère, mais bien avec la hauteur de cette pièce au-dessus du point sur lequel est établie la concentration.

§ 73. Ces tables ne sont calculées que pour quatre encablures, c'est pour cela qu'on n'y a pas introduit de fortes charges.

Il sera facile, au besoin, de les étendre jusqu'à six encablures et d'y faire entrer la charge au tiers pour le boulet plein et la charge au 1|4 pour le boulet creux; mais, jusqu'à présent, on n'en a pas reconnu la nécessité relativement au tir convergent.

La règle ayant quatre faces, on peut graduer sa hausse pour quatre espèces de tirs, si on le juge convenable, et y introduire le tir à mitraille et à double projectile.

IV.— INSTALLATION A BORD.— METTRE EN PLACE LES INSTRUMENTS INDICATEURS.

Dresser le bâtiment.

§ 74. Établir, dans le grand panneau, un fil à plomb, ainsi qu'il suit :

Tracer une ligne noire, allant de haut en bas, exactement sur le milieu de l'épontille de la cale placée sur l'avant du grand panneau ; proloonger cette ligne sur les hiloires de chaque batterie. Au pont des gaillards, fixer un clou ou un piton à l'extrémité de la ligne. Attacher à ce clou un fil à plomb formé d'un plomb de sonde à main et d'un bout de lignerolle de 5 à 10 mètres de longueur, selon le rang du bâtiment.

Précaution à prendre.

La ligne noire doit être bien visible. On fixe sa position d'une manière invariable en la garnissant, d'un bout à l'autre, d'une douzaine de clous à doublage, afin de pouvoir la retrouver au besoin ce qui est essentiel.

On dresse à peu près le bâtiment au moyen des pièces, on achève de le dresser par un simple déplacement d'hommes (1), et le navire est considéré comme droit quand le fil à plomb coïncide avec la ligne noire.

Chaque fois qu'en dressant le navire on ramènera le fil à plomb sur cette trace, on sera sûr de retrouver les mêmes circonstances qui avaient lieu au moment des opérations qui vont être décrites.

Nécessité de la précaution indiquée.

§ 75. Il peut être utile de remettre le navire dans cette situation, soit

____

(1) Le bâtiment est supposé armé et en rade.

pour vérifier le zéro de la bande des règles, soit pour vérifier l'horizontalité de l'instrument indicateur.

Si la précaution indiquée § 74 a été prise, une erreur commise sur la position du bâtiment au moment où on le juge droit, d'après l'indication du fil à plomb, n'aura aucune conséquence fâcheuse, parce qu'elle se retrouvera la même dans tous les instruments employés. Il n'en serait pas de même si l'on négligeait de conserver la trace de la ligne de repère qui a servi aux premières opérations ; on s'exposerait à commettre de graves erreurs dans les rectifications partielles qu'on peut avoir à faire, et dans les rectifications générales qui deviennent nécessaires au bout d'un certain temps.

Usage du fil à plomb.

§ 76. Pendant les opérations qui ont pour objet soit, de placer l'instrument indicateur horizontal, soit de marquer le zéro de bande des règles de pointage, un officier, placé vis-à-vis du fil à plomb, indique continuellement aux opérateurs si le bâtiment est droit ou non.

Signal de convention.

A cet effet, la cloche est près de lui et il fait tinter pendant tout le temps que le bâtiment est droit.

Description du pied de l'instrument indicateur.

§ 77. Le pied de l'instrument indicateur (pl. 3 et 4), est un fort billot en bois de chêne. Sa partie inférieure est fixée au pont par des équerres en cuivre ; sa partie supérieure est maintenue par un étrier en fer.

Sa tête est munie de trois supports disposés aux trois angles d'une plate-bande triangulaire en cuivre.

Ces supports, maintenus par des brides, peuvent prendre, chacun séparément, un mouvement vertical de 2 centimètres d'étendue. Leur extrémité supérieure est terminée par un tenon destiné à entrer dans une mortaise correspondante, pratiquée dans le plateau de l'instrument.

Un verrou, encastré dans le plateau lui-même, pénètre dans le tenon du support et fixe l'instrument à ce dernier.

Il résulte de cette disposition que, l'instrument étant mis en place sur ces supports, et le billot fixé au pont, il suffit d'élever ou d'abaisser l'un des supports, pour modifier l'inclinaison de la face supérieure du plateau.

Mise en place de l'instrument.

« § 78. Pour être bien établi, l'indicateur doit :
» 1° Être bien orienté ;
» 2° Avoir son plateau horizontal quand le bâtiment est droit.

La première condition est moins essentielle que la seconde, par le fait de la précaution qu'on a prise de se garder de la marge en choisissant les angles extrêmes de chasse et de retraite.

La deuxième condition doit être rigoureusement remplie.

Orienter l'instrument.

§ 79. Pour orienter l'instrument :

Porter chaque billot, garni de ses supports et de ses équerres, au lieu choisi d'avance ; placer l'instrument sur ces supports.

Les billots étant disposés symétriquement de chaque bord (1), c'est-à-dire ayant leur axe sur une même perpendiculaire au plan longitudinal, fixer les alidades, chacune sur sa ligne de repère ; roidir un fil à voile perpendiculairement à la quille et au-dessus du centre des deux instruments ; faire tourner les billots jusqu'à ce que les alidades ou les lignes de mire des deux instruments soient parallèles au fil tendu d'un bord à l'autre.

Sans changer l'orientation des instruments. placer chaque billot à peu près verticalement ; le fixer alors au pont au moyen des équerres et enfin l'assujettir au moyen de l'étrier.

§ 80. Pour dresser le plateau de l'instrument.

Mettre le plateau horizontal.

Le bâtiment étant droit, comme il a été dit (§§ 74 et 76) ; introduire des

(1) Dans tout ce qui suit on supposera que les instruments sont placés dans la partie avant du bastingage de dunette, à toucher le pavois qui en forme l'extrémité.

cales en bois faites en formes de coin (pl. 3) entre le talon de chaque support, et le taquet disposé à cet effet sur le billot.

Mettre le curseur à zéro, le montant mobile reposant sur sa boîte.

A l'aide d'un marteau, frapper de petits coups sur les cales de manière à incliner le plateau, soit en avant soit en arrière, jusqu'à ce que la ligne de mire soit dirigée sur l'horizon de la mer ou sur un point convenablement choisi, à même hauteur que le plan de l'instrument.

Cette condition obtenue, viser en dirigeant l'alidade en chasse et en retraite pour s'assurer que le plateau est horizontal dans ces positions extrêmes. S'il est bien, mettre en place les deux vis qui fixent définitivement chaque support au billot.

Retirer les cales, devenues inutiles : l'instrument se trouve bien établi.

Pendant cette seconde partie de l'opération, il est bon de laisser reposer sur le plateau un niveau à bulle d'air.

Rectifier l'horizontalité de l'instrument.

§ 81. L'horizontalité de l'instrument doit être vérifiée de temps à autre lorsqu'on en trouve l'occasion.

S'il arrivait que, par une cause quelconque, sa position fût changée, il faudrait recommencer l'opération précédente, c'est-à-dire : enlever les deux vis de chaque support ; remettre en place les cales en bois ; boucher les trous de vis avec des chevilles en bois blanc ; élever d'abord les supports, au moyen des cales, de façon que leurs trous de vis ne correspondent plus à ceux du billot ; rectifier alors l'instrument comme il a été dit (§ 80) et remettre en place les vis pour fixer les supports dans cette nouvelle position.

Vérifier l'orientation de l'instrument.

§ 82. Quoique l'instrument soit disposé de manière à conserver l'orientation primitive qui lui a été donnée, lors de l'installation à bord, il est très-important de vérifier quelquefois s'il n'a pas dévié.

Il est tout-à-fait indispensable que l'instrument occupe, lorsqu'on s'en sert, la même position qu'il avait quand on a gradué les batteries, autrement il y aurait de graves erreurs dans le tir.

On dispose donc, lors de la mise en place de l'instrument, des repères qui servent à en vérifier l'orientation.

A cet effet, on fixe l'alidade sur la ligne de repère de l'instrument, et, en plaçant convenablement le curseur, on visse sur la lisse de bastingage de dunette, du bord opposé à l'instrument.

Au point de rencontre de la ligne de mire et du bastingage, on enfonce deux clous à doublage.

MARQUER LE ZÉRO DE BANDE DES RÈGLES DE POINTAGE.

§ 83. La hausse des règles a dû être marquée sur leur pied, les règles munies de leurs boîtes sont distribuées aux pièces ; les instruments indicateurs sont à leurs postes (1).

« Mettre en place le fil à plomb du grand panneau ; rappeler l'équipage
» aux postes de combat ; dresser le bâtiment.

» Mettre la hausse de chaque pièce à zéro ; pointer exactement chaque
» pièce, soit à l'horizon, soit sur un point rapproché placé à une hauteur
» égale à celle de la pièce considérée, pendant un des instants où l'on entend
» le signal qui indique que le bâtiment est droit (§ 76).

» Fixer l'arête supérieure de la boîte sur le zéro de la hausse de la règle
» de pointage, poser verticalement la règle ainsi disposée sur le premier
» adent de droite (2) de l'affût (§ 53).

» Marquer le point de la règle qui touche le trait de la plate-bande de
» culasse. Ce point est le zéro de la bande, puisque, à ce moment, l'axe de
» la pièce est horizontal (§ 10).

» Les degrés de bande sont marqués au-dessus et au-dessous.

Remarque.

» § 84. Pour les canons de 30, n° 3 et 4, on pose le pied de la règle, non
» pas sur le premier adent, mais sur la queue même de la flasque.

(1) Les instruments ne servent point à l'opération, mais la circonstance est favorable pour vérifier leur horizontalité.

(2) Selon l'usage de la marine on appelle ici, 1er adent l'adent le plus bas du flasque,

» Pour les caronades, les règles se placent verticalement auprès de la vis
» de pointage ; le pied de la règle reposant sur la semelle. Le zéro de la
» bande se marque au point de la règle qui touche l'arête inférieure saillante
» du bouton de culasse, au moment où l'axe de la pièce est horizontal.

Graduation pour la bande.

» § 85. Les graduations pour la bande s'obtiennent par la formule :

$$x^{IV} = R \sin. 10° \dots \dots (4)$$

» R est, comme pour les hausses, la distance, comptée sur l'axe, du trait
» de la plate-bande de culasse au centre des tourillons. (Pour les caronades
» c'est la distance de ce même centre au plus grand diamètre du bouton de
» culasse.

» x^{IV} est la graduation pour 10°.

» En divisant x^{IV} par 10, on obtient, sans erreur sensible, à cause de la
» petitesse des angles, la graduation pour un degré.

» La table III donne (cadre supérieur), pour chaque calibre, la valeur de
» la graduation à porter sur les règles, pour 1° de bande.

Nota. — » Si le bâtiment était dans le port, l'opération de marquer le zéro
» des règles pourrait se faire en pointant les pièces sur une mire placée à la
» même hauteur que leurs axes ou bien encore avec les niveaux dont se sert
» l'artillerie. Ce dernier procédé sera toujours inférieur aux autres.

GRADUER LES RÈGLES DE QUEUE DE FLASQUE.

Préparation.

» § 86. Le navire étant armé et en rade, on l'amarre solidement, de
» manière à pouvoir, au besoin, l'éviter dans une position donnée ou le
» maintenir dans une direction choisie ; puis on procède comme il suit :

celui qui a un pan coupé. Les tables de construction d'artillerie navale nomment, au
contraire, 1ᵉʳ adent, l'adent le plus élevé. Il en est de même des règlements sur le service
des bouches à feu de place et de côte.

» Rappeler l'équipage aux postes de combat ; mettre en place les instru-
» ments indicateurs et les règles de queue de flasque.

» Armer un canot, mâté de son grand mât, et muni de signaux de con-
» vention, qui permettent de le faire aller de l'avant, aller de l'arrière ou
» mouiller. »

Un officier ou un aspirant dirige ce canot. Il est pourvu d'un instrument
propre à mesurer la distance du bâtiment au moyen de la hauteur angulaire
de sa mâture. Lorsqu'il se trouve à distance convenable, il hisse un pavillon
au grand mât du canot.

« Établir, entre le pont et la batterie, un signal de convention (faire tin-
» ter la cloche par exemple) pour indiquer les instants où l'alidade de l'ins-
» trument indicateur est dirigé sur le canot. »

Comment doit procéder l'officier placé à l'instrument indicateur.

§ 87. Un officier, placé à l'instrument indicateur, dirige les mouvements
du canot, au moyen de signaux convenus, et l'amène successivement dans la
direction de chacun des foyers.

Pendant tout le temps où il voit le canot dans le relèvement convenable et
muni du pavillon indiquant qu'il est à bonne distance, il fait tinter la cloche
pour avertir les batteries qu'on peut pointer.

Il dirige le canot avec méthode pour abréger l'opération.

Le bâtiment étant évité de bout au vent par exemple (1), il envoie d'abord
le canot sur l'arc de convergence de 400 mètres dans la direction du rouge
en chasse (2) Il prévient dans les batteries qu'on va graduer les règles pour
le rouge en chasse à 400 mètres.

(1) C'est la condition la plus favorable. Il est bien entendu, d'ailleurs, qu'il faut profiter
d'un temps calme; une brise fraîche contrarierait beaucoup l'opération.

(2) Les mouvements de l'embarcation peuvent s'effectuer ainsi qu'il suit : le canot est
pourvu de deux grappins et de deux câblots. L'officier chargé de l'instrument lui
indique de mouiller le grappin de l'avant un peu sur l'avant du relèvement où il veut le
placer ; il se laisse culer jusqu'au bout du câblot et mouille ainsi le deuxième grappin sur
l'arête du relèvement; il égalise les touées. Se hâlant ensuite sur l'un ou l'autre câblot,
selon les indications qu'il reçoit du bord, il peut se maintenir dans le relèvement voulu et
contre-balancer l'effet des embardées du navire. Cette manière d'opérer est indispensable,

Dès qu'on l'avertit qu'on a terminé, dans les batteries, la graduation pour cette direction, il envoie (1) le canot sur la direction voisine le jaune en chasse.

Il amène ainsi successivement le canot dans toutes les autres directions ; blanc en chasse, blanc en retraite, jaune en retraite et rouge en retraite. A chaque changement de direction, il a soin d'indiquer dans les batteries quelle est la direction dans laquelle on va pointer.

Après quoi, il envoie le canot sur l'arc de convergence de 600 mètres et recommence la même opération dans l'ordre inverse, c'est-à-dire qu'il fait placer d'abord le canot sur le rouge en retraite, puis sur le jaune en retraite...., etc. ...

Il fait de même pour l'arc de convergence de 800 mètres en commençant par le rouge en chasse.

Enfin, il fait venir le canot près du bord pour la convergence à 75 mètres. Il le dirige dans le relèvement voulu, et le canot maintient sa distance au bâtiment au moyen d'une ligne de sonde, mesurée d'avance à cet effet et dont le bout est amarré à bord.

Comment doit procéder l'officier chargé de graduer une batterie.

§ 88. Pour graduer promptement une batterie, l'officier chargé de cette fonction doit procéder ainsi.

Tandis que le canot se dirige vers le point où il doit se placer, aller voir à quel point remarquable du rivage répond la direction de l'instrument sur laquelle on va pointer.

lorsqu'il s'agit d'indiquer le foyer de convergence à 75 mètres. Mais, dans tous les autres cas, si le temps est beau, il y a célérité à ne pas faire mouiller le canot, qui se tient alors sur les avirons.

Les signaux de convention entre le bord et le canot sont les suivants : un pavillon envergué sur une gaffe et tenu par un timonier sur la dunette. Quand il dirige ce pavillon vers l'avant en inclinant la gaffe, le canot nage vers l'avant ; quand il l'incline vers l'arrière, le canot nage vers l'arrière ; quand il rentre le pavillon le canot est en bonne direction.

Un pavillon de convention (celui du canot) est hissé au mât d'artimon.... Quand on l'amène à mi-mât le canot mouille ; quand on le hisse à bloc, le canot change de mouillage et se porte sur un autre foyer ou sur un autre arc de convergence.

(1) On pourrait laisser le canot mouillé et éviter le bâtiment en manœuvrant les amarres ou l'embossure ; mais, par un temps calme, il y a toujours avantage à amarrer solidement le bâtiment dans une position fixe, et à faire évoluer le canot.

Pointer les pièces.

Dans la batterie, indiquer ce point aux chefs de pièce et faire pointer toutes les pièces, qui se trouveront ainsi à peu près en direction, au moment où le canot arrivera au foyer de convergence dont il marque le lieu.

Dès que le canot met son pavillon pour indiquer qu'il se trouve à bonne distance, commander : sur le pied du grand mât du canot, à *telle* distance, pointer !

Dès que le canot mouille ou lève rames : Attention !

Dès que la cloche sonne : Rectifier le pointage !

Si le pointage n'est pas fait, après que la cloche a tinté une fois, les chefs de pièce doivent pointer en avant du canot quand il va de l'avant ; en arrière du canot quand il scie à culer. En effet, quand le canot va de l'avant, la cloche commence à tinter au moment où l'étrave passe dans le relèvement ; quand le canot cule, elle tinte au moment où le gouvernail arrive dans la direction voulue.

La pièce est considérée comme bien pointée lorsqu'elle se trouve dirigée à peu près sur le milieu du canot pendant que la cloche tinte.

Vérifier le pointage.

Pour vérifier le pointage, l'officier, commençant par la pièce extrême de l'avant ou de l'arrière de la batterie, vérifie si la ligne de mire de chaque pièce est exactement dirigée sur le canot pendant les instants où la cloche tinte. Si la pièce est bien, il fait déposer les anspects, aligner les hommes au recul, et passe à la suivante.

Dès qu'il a vérifié tous les pointages, il fait prévenir l'officier chargé de l'instrument, afin que celui-ci envoie le canot dans une nouvelle direction tandis qu'on marque les règles (1).

(1) En procédant ainsi, un seul officier peut obtenir facilement la graduation correspondante à chaque foyer, pour les 16 ou 17 pièces d'une batterie de vaisseau en 30 minutes de temps. Quatre officiers ou élèves placés dans une batterie font cette opération en 5 ou 6 minutes.

Marquer les règles.

§ 89. La règle de l'arrière de l'affût, sert aux pointages en chasse ; elle recevra donc trois crans sur chaque face.

Il en est de même de la règle de l'avant de l'affût qui sert aux trois pointages en retraite.

Les règles ayant quatre faces, on marque les trois crans qui répondent aux foyers de l'arc de 400 mètres sur la face supérieure ; la face extérieure répond à l'arc de 600 mètres, la face inférieure, à l'arc de 800 mètres, et la face intérieure, au foyer unique à 75 mètres.

S'il s'agit, par exemple, de marquer la coche qui répond au rouge en chasse à 400 mètres : fixer à zéro la règle de l'avant de l'affût, capeler l'œil du cordon de pointage sur le bouton de cette règle ; tirer la règle de l'arrière de l'affût et capeler le bout du cordon sur son bouton ; pousser ou tirer cette règle, à petits coups, jusqu'à ce que le cordon de pointage soit parallèle à la ligne de repère du pont, c'est-à-dire, jusqu'à ce qu'on voie ces deux lignes l'une par l'autre. Fixer alors la règle de l'arrière de l'affût au moyen de la vis de pression.

Marquer une coche sur la face supérieure de la règle, au ras de la douille.

Remarques.

§ 90. Lorsqu'on gradue une batterie, on trace simplement sur les règles une ligne au crayon, ou mieux un trait au couteau ; les coches se font plus tard, avec soin, selon la forme et les dimensions déterminées (pl. 6).

Pour marquer les coches de 800 mètres et la coche du foyer unique, on retourne la règle dans sa douille.

Les plaques de cuivre placées à l'avance sur les règles (§ 147 et pl. 6) empêchent toute erreur de face, soit dans la graduation, soit dans l'usage. La plaque en cuivre rouge indique la règle de l'avant de l'affût ; celle en laiton, la règle de l'arrière. Ainsi, il ne peut y avoir indécision entre la face extérieure et la face intérieure.

Opérer dans le port.

§ 91. L'opération de la graduation des batteries peut aussi se faire avantageusement dans le port, lorsque la disposition des lieux le permet. Il suffi-rait alors de placer des jalons ou de choisir des points aux distances conve-nables ; on ferait éviter le bâtiment, de manière à amener successivement les six lignes de convergence dans la direction des points choisis.

§ 92. Dans le cours de l'opération, on a soin de noter quelles sont les pièces qui sont gênées par divers obstacles, telles que chaînes de porte hauban, rides de haubans, ancres de veille, etc., ainsi que le nombre de celles que leur situation oblique empêche de prendre part à la convergence.

On pourra ainsi marquer sur l'instrument indicateur le nombre de pièces qui battent dans chaque direction (§ 25).

OBSERVATION GÉNÉRALE.

§ 93. On vient d'exposer dans leur ensemble et leurs détails les opéra-tions propres à assurer l'établissement régulier du mécanisme du tir conver-gent à bord des vaisseaux.

A l'exemple de la commission dont ce mémoire reproduit le travail presque entier, on a décrit minutieusement chaque opération ; on a cherché à n'omettre aucun détail, si minime qu'il parût, afin d'éviter toute hésitation, toute erreur dans les applications futures, et de faire profiter tout le monde de l'expérience acquise dans les applications passées.

Il en résulte que le détail des procédés d'installation paraît peut-être exiger un travail long et difficile.

Cependant il n'en est rien. Pour suivre ponctuellement les indications qui précèdent, il suffit d'un peu de soin et de patience (1).

---

(1) Les chiffres suivants peuvent servir à fixer les idées à cet égard.

La commission d'officiers de l'*Uranie*, qui a installé le vaisseau de premier rang *le Montebello* en rade de Toulon, et qui se composait de quatre personnes seulement, a employé :

A mesurer les quantités servant au travail préparatoire, trois heures ;

A marquer le zéro de bande des règles de pointage en hauteur (beau temps, calme), trois heures ;

Orienter et rectifier les instruments indicateurs (toutes dispositions prises), une demi-heure ;

Graduer le côté de bâbord du vaisseau, système des rondelles (un officier à l'instrument,

Marcher est assurément une opération simple ; cependant, s'il fallait analyser, décrire et développer les conditions et les ressorts qui permettent au corps humain d'exécuter la marche, on écrirait bien des pages, et l'opération semblerait sans doute très-compliquée.

§ 94. On peut penser aussi que ces préparatifs, ces précautions à prendre d'avance pour l'organisation du tir convergent, constituent un désavantage pour le système dit de l'*Uranie*, puisque la plupart des autres systèmes proposés n'exigent pas de préparation préalable ou ne demandent que quelques dispositions insignifiantes en apparence.

Nous pensons, au contraire, que c'est là un grand avantage du système exposé ici. Les mesures précises et pratiques prises à l'avance ne causent qu'une dépense de temps et de travail à faire une fois pour toutes. Seules elles donnent des garanties d'exactitude, et, dans le combat, l'emploi des procédés de tir devient aussi simple qu'il est sûr.

L'oubli de ces dispositions préalables rend, au contraire, les procédés défectueux, compliqués et inapplicables au moment où leur usage est nécessaire.

En un mot, entre les systèmes qui aspirent à une exactitude chimérique, par des moyens insuffisants ou incomplets, plus imparfaits encore en pratique qu'en théorie, et une méthode qui ne recherche que des résultats pratiques obtenus par des moyens tout pratiques, dont l'efficacité, pour produire l'effet voulu, a été constatée et vérifiée d'avance, le choix ne saurait être douteux.

un dans chaque batterie couverte, un aide pour les gaillards ; brise assez fraîche, le vaisseau embossé), cinq heures et demie ;

Graduer le côté de tribord (mêmes conditions que pour le bâbord ; moins de brise), quatre heures.

A bord de l'*Uranie* :

Pour graduer la batterie, système des règles de queue de flasque (en rade de Toulon, beau temps, la frégate embossée ; sept officiers dans la batterie, un à l'instrument. L'opération se fait à bâbord seulement), trois heures et un quart ;

Pour rectifier le zéro des règles et l'horizontalité de l'instrument (rade des îles d'Hyères, beau temps, calme ; l'opération se fait à bâbord seulement), vingt minutes.

Pour adapter les règles de queue de flasque aux affûts d'un bord d'une batterie, un ouvrier armurier a employé un peu moins d'une journée de travail ;

Pour tracer et brayer les lignes de repère derrière chaque pièce d'un bord de la batterie, un ouvrier charpentier a mis cinq heures.

TROISIÈME PARTIE.

I. — Préparation et exécution du feu.

Ce qui suit n'est pas exclusivement applicable au tir convergent. Tout ce qui a rapport à la transmission des ordres pendant le combat est, au contraire, d'un intérêt général et d'une grande importance, quel que soit le système de combat employé.

Préparation du tir.

§ 95. « Le capitaine du bâtiment décide à l'avance pour la préparation
» du tir :
» 1° La charge de poudre ;
» 2° L'espèce de projectile ;
» 3° La direction dans laquelle le feu sera exécuté ;
» 4° La distance du foyer sur lequel il sera dirigé ;
» 5° La distance de l'ennemi ;
» 6° L'inclinaison du bâtiment.
» Les circonstances si variées d'un engagement naval ne permettent pas
» de préjuger d'une manière absolue comment on devra procéder dans le
» choix de ces premières conditions du feu.
» Pour chacune de ces circonstances, le capitaine doit apprécier toutes les
» éventualités qui peuvent rendre son tir plus ou moins efficace.
» Bien assuré qu'une seule bordée convergente peut couper court aux
» péripéties si nombreuses d'un combat, le capitaine devra prendre toutes les
» précautions possibles pour en assurer le succès.
» § 96. Le choix du relèvement dans lequel on veut ouvrir le feu sur l'en-
» nemi dépend du plus ou moins de difficultés que rencontreront les
» évolutions du bâtiment, difficultés que l'état de la mer, le système de loco-
» motion du bâtiment et l'espace laissé entre les navires engagés, peuvent
» accroître ou amoindrir. »

En général, un vaisseau placé en ligne choisira la direction qui l'écarte le moins de la route qu'il est astreint à tenir. Un bâtiment isolé adoptera celle qui lui permet de se présenter à l'ennemi dans la position la plus avantageuse et qui contrarie le moins sa manœuvre. Un vaisseau à vapeur, dont les évolutions sont faciles et rapides, préférera les directions du milieu, celles du blanc en chasse ou du blanc en retraite, parce que les pièces auront à faire des pointages moins obliques..., etc.

« Le nombre des pièces qui peuvent prendre part au feu, pour chacune
» des directions des foyers, étant porté sur l'instrument, le capitaine
» le prendra plus ou moins en considération selon le but qu'il voudra
» atteindre.

EXÉCUTION DU TIR.

» § 97. Supposons que les premières indications dont il vient d'être
» question ont été transmises aux batteries. Le capitaine apprécie, au
» moyen des instruments indicateurs, la bande moyenne pour le moment où
» il commandera le feu.

» A cet effet, il dirige à l'horizon la ligne de mire de l'instrument en
» élevant ou abaissant le curseur et l'arrêtant au moment où le bâtiment
» est dans une position moyenne à ses balancements de roulis. La distance
» du curseur au zéro indique alors la bande moyenne. Puis il élève le montant
» mobile et le fixe à celui des crans de la queue qui répond à la distance à
» laquelle il veut ouvrir son feu. La ligne de mire de l'instrument se trouve
» alors dirigée sur la flottaison du navire ennemi lorsqu'on en est à la dis-
» tance choisie, et lorsque le bâtiment se trouve dans la position moyenne à
» ses balancements de roulis.

» § 98. En se servant de la flottaison ennemie comme repère extérieur,
» on a l'avantage (si l'on combat au foyer en hauteur) de pouvoir commander
» le feu, pendant tout le temps que, dans l'oscillation du bâtiment, la ligne
» de mire de l'instrument rencontre la coque de l'ennemi, puisque les feux
» des pièces sont concentrées précisément au point où a lieu cette ren-
» contre.

» Il est utile aussi de faire observer qu'on peut faire choix d'une bande
» quelconque, pourvu que, dans ses oscillations, le bâtiment passe par cette
» bande choisie d'avance.

» Si la bande choisie est à peu près la bande moyenne, il est certain que
» cette circonstance se reproduira plusieurs fois pendant le temps, si court

» qu'il soit, qu'on pourra maintenir l'ennemi dans la direction choisie, et
» que, si on la laisse échapper une première fois, on la saisira nécessairement
» la seconde ou la troisième fois.

» § 99. Le nombre de degrés de bande qu'aura le navire au moment du
» feu est indiqué dans les batteries, et on a soin de faire connaître s'il doit
» être pris sur les règles, au vent ou sous le vent.

» Les pièces sont pointées pour cette bande, puis les chefs de pièce, à
» longueur de cordon, se tiennent prêts à faire feu dès que le signal en sera
» donné.

» Un signal de convention (§ 125) exécuté par chaque batterie fait con-
» naître au capitaine que toutes les dispositions sont bien prises.

» Il manœuvre alors pour se placer à la distance choisie et pour amener
» l'ennemi dans le relèvement voulu.

» Enfin, lorsqu'il aperçoit, dans la direction de la ligne de mire de
» l'instrument, le point du navire ennemi sur lequel il veut tirer, il donne le
» signal du feu.

» § 100. Cette manière de procéder suppose que la flottaison ou la coque
» de l'ennemi est visible. Mais, si le corps du bâtiment est caché par la
» fumée, on pourra généralement apercevoir un point de la mâture tel que
» les barres ou la hune. On se servira alors du chapeau, adapté à la masse de
» mire de l'instrument, qui permet de prendre comme point de repère la
» hune où les barres.

» Pour diriger toujours les coups sur le milieu de la longueur du bâtiment
» ennemi, il faut viser, par la ligne de mire de l'instrument, sur des points
» de la flottaison qui diffèrent selon les distances du foyer auxquelles le feu
» doit être ouvert (voir, à ce sujet, § 31 et suiv.).

SIGNAL DU FEU.

» § 101. La manière de donner le signal devient extrêmement importante,
» puisqu'il faut arriver à l'instantanéité du feu. Plusieurs moyens ont été
» employés pour obtenir ce résultat.

» Le plus simple de tous (pendant le jour) consisterait en un signal fait
» avec le bras abaissé vivement, comme le pratiquent les chefs de pièce pour
» avertir leurs servants. Tous les chefs de pièce des gaillards, ayant l'œil fixé

» sur le capitaine, le feu du pont servirait de signal pour celui de toutes les
» batteries.

» On pourrait aussi employer un timbre très-sonore placé dans la deuxième
» batterie des vaisseaux. Une détente, mise en communication avec la du-
» nette, permettrait au capitaine de donner le signal au moment convenable.

» Les expériences faites à ce sujet n'ayant pas paru suffisantes, la pratique
» seule pourra décider du meilleur moyen à employer.

» § 102. A bord de la frégate-école, on a successivement employé comme
» signal la cloche, un coup de pistolet, le bras droit vivement abaissé ; la
» secousse communiquée par un bout de ligne au bras du chef de pièce des
» gaillards placé le plus près de la dunette.

» De tous ces moyens, les deux derniers ont donné les meilleurs résultats ;
» le feu de bordée était alors aussi instantané qu'on doit le désirer.

» On adoptera le mode de signal qui paraîtra le plus favorable à la transmis-
» sion rapide pour toutes les pièces. Les dispositions particulières de chaque
» bâtiment peuvent, d'ailleurs, influer sur le choix du moyen adopté.

» Quoi qu'il en soit, la question du tir convergent, réduite à ce détail, sera
» facile à résoudre. »

Signal de jour.

§ 103. Actuellement, à bord de la frégate-école, on donne le signal du feu
ainsi qu'il suit :

Faute de timbre, la cloche est disposée dans la batterie sous un fort
marteau, dont le manche, formé d'un ressort, est maintenu par une détente
(pl. 7). On fait fonctionner cette détente, de la dunette, au moyen d'un
cordon disposé convenablement.

Tous les chefs de pièce, prêts à faire feu, tiennent le bras gauche levé. Les
servants des pièces se baissent pour dégager la batterie et pour intercepter
le moins possible la vue et le son.

Les chefs de pièce des gaillards ont l'œil fixé sur le capitaine, qui a lui-
même le bras gauche élevé.

Pour donner le signal, le capitaine abaisse le bras gauche, et tire en même
temps le cordon de la détente. Les chefs de pièce font feu à la fois en abaissant le bras gauche.

Ce moyen est excellent et donne un résultat assuré de jour.

Signal de nuit.

§ 104. Pour la nuit on a proposé, outre le timbre, un système de fanaux disposés dans chaque batterie et qu'on masquerait ou qu'on démasquerait à la fois pour donner le signal. On va essayer aussi le porte-voix Sax, dont le bruit éclatant domine, dit-on, les plus grands tumultes.

Nous pensons qu'il faut agir en même temps et par plusieurs moyens, sur trois des sens des chefs de pièce : l'ouïe, la vue et le tact. On sera ainsi plus certain de l'effet.

Ainsi, indépendamment du système des fanaux, bon en lui-même, mais insuffisant s'il est seul, et, d'ailleurs, difficile à remplacer s'il est avarié; indépendamment du timbre et du porte-voix Sax, nous voudrions voir donner le signal ainsi qu'il suit :

Le capitaine abaisserait le bras gauche en criant : Feu ! En même temps il tirerait la détente d'un ou de plusieurs timbres placés dans les batteries, ou, ce qui est plus simple, il donnerait une secousse au bras d'un chef de pièce de chaque batterie au moyen d'une ligne convenablement disposée (1).

Chaque chef de pièce, percevant le signal d'une manière quelconque , crierait : Feu! en abaissant le bras gauche et en envoyant en même temps son coup.

II. — TRANSMISSION DES ORDRES PENDANT LE COMBAT.

« § 105. On a vu (§ 95) que le capitaine doit donner aux batteries six

(1) Pour un vaisseau de premier rang, un trou est percé près de l'instrument indicateur, dans le pont de la dunette ; un bout de ligne , garni d'un cabillot qui s'arrête au ras du trou, est tenu par le capitaine. Un premier bout de ligne, amarré au cabillot et terminé par une boucle, fait un retour et aboutit au bras du premier chef de pièce des gaillards. Un deuxième bout descend dans la troisième batterie et aboutit au bras d'un chef de pièce ; un troisième bout descend dans la deuxième batterie, fait un retour et aboutit au bras d'un chef de pièce. Un quatrième bout, amarré directement sur le cabillot comme les précédents, descend dans la première batterie et aboutit au bras d'un chef de pièce. Chaque chef de pièce tient son bout roide, de sorte qu'en tirant la ligne, sur la dunette, le capitaine communique instantanément la secousse aux quatre chefs de pièce ; le système est aussi facile à établir qu'à réparer.

» indications : il faudrait qu'elles pusssent être transmises d'une manière
» rapide, mais assez sûre pour éviter toute chance d'erreur.

Procédé de transmission.

» Plusieurs moyens ont été proposés ; mais aucun d'eux n'a résolu défini-
» tivement cette question, dont l'importance est vivement sentie.
» Le seul moyen que nous proposions, sans considérer toutefois son appli-
» cation comme une solution définitive, est le suivant :
» A bord d'un vaisseau à trois ponts, par exemple, quatre tuyaux acous-
» tiques en gutta-percha partent de la dunette ; l'un d'eux établit la commu-
» nication avec la soute aux poudres ; les trois autres aboutissent chacun dans
» une batterie.
» A chacune de leurs extrémités se trouve une simple embouchure en bois
» munie d'un sifflet mobile qui sert de signal d'avertissement. Chacun d'eux
» porte, près de son embouchure sur la dunette, le numéro de la batterie
» avec laquelle il établit la communication.

Tableaux d'ordres.

» § 106. Afin que le capitaine ait constamment sous les yeux les ordres qu'il
» a donnés, un timonier se tient près de lui et les inscrit successivement sur
» un tableau analogue à un renard, disposé convenablement et placé de
» manière à être facilement consulté (voy. pl. 7 et note ci-après).
» Dans chaque batterie, un timonier placé à l'orifice du tuyau acoustique,
» inscrit sur un tableau fixe, bien apparent (pl. 7 et note ci-après), les ordres
» du capitaine, et il les répète immédiatement par le tuyau, pour que le
» capitaine puisse s'assurer qu'il n'y a pas de méprise.
» Un second timonier, porteur d'ordres, placé près du premier, tient à la
» main un petit tableau portatif, semblable au tableau fixe, sur lequel il
» inscrit l'ordre du capitaine au moment même où on l'inscrit sur le tableau
» fixe.
» Le porteur d'ordres se rend alors à la division de l'avant ; il y trouve un
» tableau semblable à celui de l'arrière, disposé d'une manière fixe et appa-
» rente ; il y transcrit les ordres donnés et revient à son poste à l'embouchure
» du tuyau, prêt à enregistrer de nouveaux ordres.

» Cette disposition établit d'une manière certaine la communication de la
» dunette avec l'arrière et l'avant de chaque batterie, et cette dernière condi-
» tion est indispensable au milieu du bruit et de la confusion d'un combat.

NOTE SUR LA TRANSMISSION DES ORDRES.

» § 107. Les tableaux dont on se sert pour la transmission des ordres à
» bord de l'*Uranie*, et que nous disposons ici pour un vaisseau à trois ponts,
» contiennent, en quelques colonnes, le catalogue des ordres relatifs à l'artil-
» lerie, que le capitaine peut avoir à donner aux batteries.

» Un trou, placé en regard de chacune des indications des colonnes, est
» destiné à recevoir une cheville dont la destination est la même que dans un
» renard.

» Le tableau n° 1 (pl. 7), est le modèle du tableau de dunette. Les colonnes
» de ce tableau, intitulées : 1re batterie, 2e batterie, etc., ne serviront que
» quand la charge ordonnée ne sera pas la même pour toutes les batteries.
» Les autres indications de ce tableau sont générales.

» Le tableau n° 2 est le modèle des tableaux de batterie, il n'est que la
» reproduction de la 1re partie du tableau de dunette.

» Le tableau n° 3, employé dans les soutes, est la reproduction de la
» seconde partie du tableau de dunette.

» Le tableau n° 4 ne diffère du tableau de batterie que par sa forme ; il
» est plus petit et portatif (voir pl. 7). »

Les indications portées sur ces tableaux sont si connues à bord des
vaisseaux, qu'il est superflu d'en donner l'explication. Les abréviations relatives aux charges et aux projectiles sont celles qu'on grave sur les curseurs de
hausse. Les rondelles et l'étoile indiquent les directions de convergence de la
même manière que sur l'instrument indicateur.

Tubes en gutta-percha.

§ 108. Des dernières expériences faites à bord de l'*Uranie*, sur les tubes en
gutta-percha, il résulte que leur emploi assure complétement la transmission
des ordres. Un de ces tubes, qui, à bord de cette frégate, communique de la
dunette à la soute, permet de converser avec cette dernière pendant le feu à

volonté le plus vif, sans perdre une syllabe. Il suffit de parler à demi-voix près de l'embouchure du tube.

L'efficacité de ces tuyaux ne paraît pas s'étendre au-delà d'une distance de 20 mètres, mais cela est néanmoins suffisant pour presque tous les besoins.

Pour établir une communication nécessaire entre la soute arrière et la soute avant, il faudra probablement renoncer à se servir de la voix.

On y suppléera aisément en établissant entre les deux soutes un tube semblable aux autres, seulement on n'emploiera que les sifflets dont sont garnies les embouchures, et qui fonctionnent parfaitement. On aura soin, d'ailleurs, de faire répéter toutes les indications ainsi transmises.

§ 109. Ainsi, par exemple :

Un coup de sifflet indiquerait, la 1re charge, grande charge ou charge au tiers ;

Deux coups de sifflet indiqueraient la 2e charge, moyenne charge ou charge au quart ;

Trois coups de sifflet indiqueraient la 3e charge, petite charge ou charge au sixième ;

Un coup double, accompagnant l'indication, fait connaître qu'elle ne convient qu'à la 1re batterie ;

Deux coups doubles, accompagnant l'indication, font connaître qu'elle ne convient qu'à la 2e batterie ;

Trois coups doubles, accompagnant l'indication, font connaître qu'elle ne convient qu'à la 3e batterie ;

Quatre coups doubles, accompagnant l'indication, font connaître qu'elle ne convient qu'aux gaillards.

Cela suffit pour les communications des soutes entre elles, car on doit établir comme règle que, quand on demande des charges au tiers et au quart pour les calibres qui emploient deux charges différentes, les soutes fournissent la plus forte charge pour les calibres qui n'en emploient que deux (30, n° 3,) canon-obusier de 30).

D'ailleurs, pour les ordres exceptionnels, on peut établir, sur le pont à l'avant, un tube acoustique communiquant directement avant la soute avant.

§ 110. Ce système de tuyaux est parfaitement approprié au but qu'ils remplissent et aux conditions dans lesquelles ils sont placés à bord.

Ils sont malléables, on peut les tordre et les ployer sans les déformer, ils se manient comme du filin.

L'un d'eux est-il mis hors de service? On a une glène de rechange, on en coupe un bout de longueur convenable, on y installe deux embouchures, et l'avarie est réparée en un instant.

Aucun procédé, à nous connu, ne présente cette simplicité, et ne procure, comme ces tubes, l'immense avantage de pouvoir converser sûrement pendant le combat avec les batteries et les soutes.

Il est donc indispensable d'en pourvoir les bâtiments de guerre.

QUATRIÈME PARTIE.

INSTRUCTION POUR LES CHEFS DE PIÈCE.

Quelle que soit la simplicité d'une chose, on ne la sait faire qu'après l'avoir faite plusieurs fois. On éprouve généralement des mécomptes dans toute application à laquelle on n'est pas préparé d'avance.

Réciproquement, certaines choses paraissent compliquées, qui deviennent d'une exécution facile après quelque temps d'exercice.

Ces vérités banales sont pleines d'à-propos, à l'endroit du tir convergent.

Comme on l'a déjà fait remarquer, il est tout à fait essentiel, surtout pour les feux d'ensemble, que chacun, depuis le capitaine jusqu'aux servants des pièces, s'exerce à les exécuter.

Les chefs de pièce doivent connaître parfaitement les indications renfermées dans l'instruction qui suit.

I. — THÉORIE.

§ 111. Le tir convergent est celui dans lequel on dirige à la fois toutes les pièces d'une batterie ou d'une bordée sur un même but.

Il est inutile que les chefs de pièce voient le but, soit pour pointer, soit pour faire feu.

Le pointage s'exécute sans viser par la ligne de mire de la pièce, selon les indication fournies par le commandant, au moyen de deux règles de queue de flasque et d'une règle de pointage.

On peut faire converger les pièces en direction à quatre distances, savoir : à 400ᵐ, à 600ᵐ, à 800ᵐ et à 75ᵐ.

§ 112. Aux trois premières distances, on peut pointer dans six directions différentes : trois en chasse et trois en retraite.

Les directions sont distinguées par des noms de couleurs, ainsi :

La première direction, sur l'avant du travers, se nomme blanc en chasse ;

La 2ᵉ, jaune en chasse ;

La 3ᵉ, rouge en chasse.

De même pour les directions en retraite :

La 1ʳᵉ direction, sur l'arrière du travers, se nomme blanc en retraite ;

La 2ᵉ, jaune en retraite ;

La 3ᵉ, rouge en retraite.

A la dernière distance, 75ᵐ, on ne pointe que dans une seule direction fixe, nommée l'étoile.

POINTAGE EN DIRECTION.

§ 113. On pointe en direction au moyen de deux règles adaptées de chaque côté de l'affût, aux queues des flasques.

La règle placée sur la flasque de l'avant de l'affût est distinguée par une plaque de cuivre rouge, incrustée dans sa face supérieure. Lorsque la règle est en place, cette plaque, qui porte le numéro de la pièce, doit toujours être en dessus.

La règle placée sur la flasque de l'arrière de l'affût est distinguée par une plaque de cuivre jaune, incrustée sur sa face supérieure. Lorsque la règle est en place, cette plaque, qui porte le numéro de la pièce, doit toujours être en dessus.

§ 114. Chaque règle glisse dans une douille en cuivre. Une vis de pression permet d'arrêter la règle dans cette douille.

Quand le bout de la plaque en cuivre rouge ou jaune est au ras du bout de la douille, on dit que la règle est à zéro. Un cran ou coche, qui fait, en cet endroit, le tour de la règle, se nomme le zéro de la règle.

Chaque règle est terminée par un bouton en cuivre.

§ 115. Pour pointer en direction :

On fixe l'une des règles à zéro ; on tire l'autre règle, on roidit un bout de ligne nommé cordon de pointage entre les boutons des deux règles.

Faisant jeter la culasse à droite ou à gauche, on amène ce cordon à être parallèle à une couture du pont tracée à cet effet derrière chaque pièce. La pièce est bien pointée quand le chef de pièce, debout à la culasse, voit le cordon de pointage se confondre avec la couture du pont.

Le cordon de pointage est terminé par un œil. Cet œil se capelle toujours au bouton de la règle qui est fixée à zéro. On prend à retour le bout du cordon sur le bouton de l'autre règle et on l'arrête en faisant mordre, par un simple demi-tour.

Hormis le temps du pointage en direction, les deux règles sont toujours fixées à zéro.

§ 116. La règle de l'arrière de l'affût sert pour les trois pointages en chasse.

La règle de l'avant de l'affût sert pour les trois pointages en retraite.

§ 117. Les faces de la règle, à l'exception de celle qui touche la flasque, portent trois coches qui répondent aux trois directions, savoir :

La plus rapprochée du zéro, ou la première coche, répond au blanc ;

La deuxième, au jaune ;

La troisième, au rouge.

La face qui touche la flasque ne porte qu'une coche ; elle répond au pointage sur l'étoile.

§ 118. La face d'en dessus de la règle sert pour la convergence à 400 mètres.

La face d'en dehors, pour la convergence à 600 mètres ;

La face d'en dessous, pour la convergence à 800 mètres ;

La face d'en dedans pour la convergence à 75 mètres, ou sur l'étoile. Dans ce cas, la règle doit être retournée dans sa douille.

Dans le pointage sur l'étoile, toutes les pièces de l'avant de la batterie ou de la première division sont pointées en retraite et se servent de la règle de l'avant ; toutes les pièces de l'arrière de la batterie ou de la deuxième division sont pointées en chasse et se servent de la règle de l'arrière.

§ 119. Les pointages en chasse sont annoncés par un roulement de tambour, d'un, deux ou trois coups de baguette.

Les pointages en retraite sont indiqués par deux roulements de tambour, suivis d'un, deux ou trois coups de baguette.

Un roulement et un coup de baguette signifie première coche ou blanc en chasse ;

Le pointage sur l'étoile est indiqué par trois roulements de tambour.

Un roulement et deux coups, deuxième coche ou jaune en chasse ;

Un roulement et trois coups, troisième coche ou rouge en chasse ;

Deux roulements et un coup, première coche ou blanc en retraite ;

Deux roulements et deux coups, deuxième coche ou jaune en retraite ;

Deux roulements et trois coups, troisième coche ou rouge en retraite.

§ 120. Ainsi, quand le chef de pièce entend, par exemple : à 400ᵐ sur le blanc en chasse, pointez ! ou roulement et un coup de baguette,

Il capelle au bouton de la règle de l'avant l'œil du cordon de pointage, et s'assure que cette règle est à zéro. Il tire la règle de l'arrière jusqu'à ce que la première coche de la face d'en dessus soit au ras de la douille. Il serre la vis de pression, fait mordre le cordon de pointage sur le bouton, et, debout derrière la culasse, il fait porter la pièce à droite ou à gauche, jusqu'à ce qu'il voie le cordon de pointage se confondre avec la ligne du pont.

Si l'on commande à 600 mètres sur le jaune en retraite, Pointez ! ou deux roulements et deux coups de baguette,

Le chef de pièce capelle l'œil du cordon au bouton de la règle de l'arrière, il tire la règle de l'avant, jusqu'à ce que la seconde coche de la face d'en dehors soit au ras de la douille ; il serre la vis de pression, etc., etc.

POINTAGE EN HAUTEUR.

§ 121. On pointe en hauteur au moyen de la règle de pointage.

Cette règle glisse dans une boîte en cuivre pouvant se fixer par une vis de pression.

Le pied de la règle est gradué comme le curseur de la hausse des pièces. Les crans représentent des encâblures.

Les faces sont graduées pour différentes charges et pour divers projectiles.

Ainsi, pour un canon de 30, n° 1, par exemple, la face d'en avant est graduée pour le boulet au quart et l'obus au sixième, la face d'en arrière, pour le boulet au sixième.

Pour placer la hausse au plan indiqué :

Le chef de pièce fait glisser la règle dans la boîte en cuivre jusqu'à ce que le cran indiqué de la hausse soit au ras de la tranche supérieure de la boîte. Il serre alors la vis de pression.

§ 122. Le haut de la règle est gradué pour la bande du bâtiment. Chaque coche représente un degré de bande.

La coche du milieu, prolongée autour de la règle et marquée d'un clou de cuivre, est ce qu'on nomme le zéro de la bande.

C'est à partir du zéro qu'on compte un, deux, trois degrés, etc., au-dessus et en dessous.

Les coches d'en dessus de zéro répondent aux degrés de bande au vent.

Les coches d'en dessous de zéro répondent aux degrés de bande sous le vent.

§ 123. Pour pointer en hauteur :

Le chef place la boîte de hausse au cran indiqué et serre la vis de pression. Il met le pouce de sa main droite sur la coche qui répond au nombre de degrés de bande indiqué au-dessus et au-dessous de zéro. Il pose sa règle verticalement sur le premier adent de droite de l'affût, pour les canons et obusiers. Il fait élever ou abaisser la culasse jusqu'à ce que le trait marqué sur la plate-bande vienne toucher le cran marqué par le pouce de sa main droite.

Pour les canons de 30, nᵒˢ 3 et 4, il pose sa règle verticalement sur la queue de la flasque, par le travers de la plate-bande de culasse.

Pour la caronade, le chef place sa règle verticalement sur la semelle, à côté du bouton de culasse, par le travers de la vis de pointage, et c'est l'arête inférieure saillante du bouton qu'il amène à toucher la coche marquée par son pouce.

En général, pour les canons, obusiers et canons-obusiers, s'il y a une mortaise sur le premier adent, le chef de pièce pose le pied de la règle dans la mortaise; s'il y a un taquet cloué sur l'arrière du premier adent, il pose le pied de la règle sur le haut de ce taquet.

Le chef de pièce ne doit pas confondre la distance indiquée pour la convergence et qui ne sert qu'au pointage en direction avec la distance indiquée pour la hausse, et qui ne sert qu'au pointage en hauteur.

La première est toujours indiquée en mètres, la seconde en encâblures.

II. — PRATIQUE.

EXERCICES DU TIR CONVERGENT.

§ 124. L'exercice du canon, en employant le tir convergent, diffère fort peu de l'exercice ordinaire au détail.

Le pointage en direction se fait toujours avant le pointage en hauteur, comme le prescrit l'exercice des bouches à feu, dans le cas où le pointage doit être très-oblique.

Ainsi, pour l'exercice au détail, le 3e et le 4e commandement de l'exercice du canon seront modifiés ainsi qu'il suit :

TROISIÈME COMMANDEMENT.

Tir convergent. — Pointez ! — Trois temps.

Premier temps. — Le chef de pièce tire la règle de l'arrière pour les pointages en chasse, la règle de l'avant pour les pointages en retraite, et la place au cran indiqué par le chef de batterie ; il serre la vis de pression et roidit le cordon de pointage. Les troisièmes servants, aidés par les quatrièmes pour les gros calibres, prennent les anspects, embarrent aux flasques, et portent la culasse à droite ou à gauche, au signal du chef.

Le chef, debout derrière la pièce, fait porter sa culasse dans le sens convenable, pour amener le cordon de pointage à se confondre avec la couture du pont. Dès qu'il y est, le chef fait un signal de la main gauche, auxquels les servants retirent les anspects de dessous les flasques.

Le dernier servant du bord où la règle est tirée, desserre la vis de pression, rentre la règle, la met à zéro, resserre la vis et relève le bout du corden de pointage pour qu'il ne s'engage pas au recul.

Si le pointage est oblique, le premier servant de droite ou le premier de gauche cale sur l'avant celle des roues de l'avant de l'affût qui est détaché du bord. (Action !)

Deuxième temps. — Le chef de pièce prend la règle de pointage (1),

(1) Elle lui est remise par le dernier servant de droite, qui, dès que la pièce est en batterie, va la prendre contre la muraille où elle est placée comme les armes portatives, ou contre le barreau le plus voisin.

place la hausse au plan indiqué par le chef de batterie, met le pouce de sa main droite sur la coche qui répond au degré de bande indiqué, puis il se place à droite du palan de retraite, le pied gauche en avant et à plat, le genou ployé et touchant le coussin, la main gauche à la poignée du coin de mire.

Les troisièmes servants, aidés des quatrièmes, embarrent sur les adents de l'affût en évitant de gêner la règle de pointage ; ils élèvent ou abaissent la culasse au commandement du chef.

Le deuxième servant de droite soulage la brague et le garant de plan de côté, pour dégager le trait de la plate-bande de culasse.

Le chef pose la règle verticalement à droite de l'affût et fait élever ou abaisser la culasse jusqu'à ce que le trait de la plate-bande touche la coche marquée par son pouce.

(Action !)

Troisième temps. — Dès que la pièce est bien, le chef enfonce le coin de mire sous la culasse et remet la règle de pointage au dernier servant de droite, qui la pose à son poste.

Au mouvement du chef de pièce, le deuxième servant de droite reprend son poste. Les servants chargés des anspects les retirent de dessous la culasse et les posent sur le pont hors de la direction des roues, pour dégager la batterie.

Le chef décapelle les garants et en charge les premiers servants de chaque côté afin qu'ils contiennent la pièce au sabord, puis il prend le cordon du percuteur de la main droite et se porte vivement en arrière du recul du canon.

Il a les yeux fixés sur l'arrière de la batterie et tient le bras gauche élevé.

(Action !)

QUATRIÈME COMMANDEMENT.

Feu ! — Deux temps.

Premier temps. — Le chef de pièce attend le signal donné par le commandant, et, dès qu'il l'entend, il abaisse le bras gauche et fait feu en tirant fortement et sans secousse le cordon du percuteur....... (Le reste comme dans l'exercice ordinaire.)

§ 125. Dans l'exercice à feu ou dans le combat, chaque batterie prévient le commandant que son pointage est fini en répétant la batterie de tambour qui a servi d'indication pour le pointage en direction.

Le signal du feu est précédé du commandement d'attention ! comme il est prescrit pour le feu de bordée.

Le feu exécuté, les deuxièmes servants calent les roues, comme il est prescrit par l'exercice des bouches à feu.

La charge s'exécute à volonté, et à défaut de nouvelles indications, le pointage est rétabli, en direction et en hauteur comme pour le coup précédent.

§ 126. Le pointage étant préparé, si le feu ne doit pas être exécuté immédiatement, le commandant peut juger utile de faire le commandement :

A PLAT PONT (1).

« A ce commandement, tous les servants, à l'exception du premier et du
» dernier de chaque côté, se portent vivement du bord opposé à celui où l'on

(1) Cette mesure a la plus grande importance, surtout à bord des vaisseaux à vapeur, qui auront fréquemment occasion, soit de couper une ligne, soit de passer à poupe d'un vaisseau pour lui envoyer une bordée d'enfilade à bout portant.

Dans ces circonstances, c'est un devoir pour un capitaine, de mettre son équipage le plus possible à l'abri.

Maintenant plus que jamais, la guerre sur mer se fera avec les hommes ; le succès est à celui qui en détruira le plus à l'ennemi, et qui ménagera le mieux les siens. La plus coupable des absurdités serait d'exposer un équipage sans utilité, et, si l'on veut des exemples, qu'on se souvienne de Nelson et de Collingwood à Trafalgar.

Moins on aura d'hommes dans une batterie, moins ces hommes présenteront de surface aux projectiles ; moins on aura de perte dans un temps donné et plus on pourra prolonger le combat. Certains capitaines, M Bouvet entre autres, avaient pour principe d'engager le combat avec une partie de leur équipage seulement, et de tenir l'autre partie en réserve. Cette méthode a réussi, et, si ces capitaines ont trouvé des difficultés d'application, ç'a toujours été de retenir à l'abri cette réserve, et non pas de la faire monter au moment opportun.

Dans notre opinion donc, un vaisseau à vapeur qui veut passer à poupe d'un bâtiment pour lui envoyer une bordée d'enfilade, concentrée sur l'étoile, par exemple, doit mettre et conserver son équipage à plat pont. Nous allons plus loin : un tel tir devrait être exécuté à longueur de brague, à double projectile, et en ne conservant dans les batteries, que trois hommes (pourvoyeurs non compris) par pièce armée.

» combat, et se couchent sur le pont, dans la direction du palan de retraite.
» Les autres servants se couchent à côté de la pièce, hors de la direction des
» fusées, et le chef à longueur de cordon. Le premier servant fait passer le
» coin d'arrêt au dernier qui se tient prêt à caler la roue quand la pièce
» viendra au recul.

  » Au commandement : Attention !

 » Le chef de pièce se relève à demi, s'assure que le cordon du percuteur
» n'est pas engagé, veille qu'il n'y ait aucun objet dans la direction des
» roues ; il tourne la tête et fixe les yeux vers l'arrière de la batterie ; il tient
» le bras gauche élevé. »

L'adoption des règles, comme moyen de pointage en direction, se prête facilement à cette combinaison. En effet, il suffit de tracer un parallèle à la quille sous la queue de l'affût lorsque la pièce est amarrée à longueur de brague, pour que les règles donnent, par rapport à cette nouvelle ligne, les mêmes convergences en direction qu'elles fournissent avec la première. Or on sait que, lorsque les pièces sont amarrées à longueur de brague, on obtient une amplitude de pointage latéral plus grande que le champ de tir permis par le sabord, lequel se trouve alors de 15 degrés ou 20 degrés. Toutes les pièces de la batterie peuvent donc atteindre à la fois le blanc en chasse ou le blanc en retraite.

Il serait donc convenable, d'établir une convergence unique à longueur de brague. Cette convergence s'obtiendrait d'une façon simple, et, pour ainsi dire, sans pointage, si l'on avait la précaution de placer les boucles des palans de retraite dans la direction même de l'axe de la pièce, cette dernière étant pointée pratiquement sur un foyer convenablement choisi. On peut aisément s'assurer que le déplacement des boucles de palan de retraite, nécessaire pour réaliser cette disposition, n'excéderait pas $0^m,20$ pour les pièces extrêmes. Le placement des boucles de palan de retraite, en prévision de ce tir, devrait donc être exécuté à bord de tous les bâtiments, dès l'armement.

CINQUIÈME PARTIE.

MÉMOIRE DESCRIPTIF POUR SERVIR A LA CONFECTION DES INSTRUMENTS NÉCESSAIRES AU TIR CONVERGENT.

(Cette partie seule a été modifiée en mars 1855),

INSTRUMENT INDICATEUR.

§ 127. Cet instrument (pl. 3 et 4) se compose de trois parties principales : le plateau, l'alidade et le pied.

PLATEAU.

Plateau (bois de noyer).

Le plateau est circulaire ; il est fait en bois dur, poli et bien dressé ; il a (1) $40^{m/m}$ d'épaisseur et $400^{m/m}$ de diamètre. L'angle extérieur de la face supérieure est arrondi par un chanfrein de $2^{m/m}$.

Pivot (bronze ou cuivre).

Il porte en son centre un pivot en bronze pour l'alidade. Ce pivot est cylindrique, taraudé pour écrou à sa partie supérieure ; il fait corps avec un disque de même métal, incrusté dans le plateau fixé par trois vis et affleuré.

Rondelles (cuivre, laiton et zinc).

§ 128. Sur la face supérieure du plateau, sont incrustées six rondelles métalliques, de $2^{m/m}$ d'épaisseur et de $20^{m/m}$ de diamètre. Chaque rondelle est fixée au plateau par trois petites vis et affleurée ; son centre est percé d'un trou circulaire de $4^{m/m}$ de diamètre, qui doit livrer passage à une goupille. Les deux rondelles du milieu sont en zinc ou tout autre métal de couleur blanche ; les deux voisines sont en laiton ; les deux extrêmes en cuivre rouge

(1) Toutes les dimensions sont exprimées en millimètres.

Rondelle de repère (zinc).

Une septième rondelle, en tout semblable aux autres, garnit le trou de repère, lequel est placé du côté opposé aux rondelles précitées. Cette dernière rondelle est en zinc. Le centre de ces sept rondellles se trouve à $25^{m}/_{m}$ du bord du plateau.

Etoile (laiton).

Une étoile en laiton à six pointes, est incrustée en avant des rondelles ; elle est fixée par trois vis et affleurée. Son centre est percé d'un trou de $4^{m}/_{m}$ de diamètre et se trouve à $45^{m}/_{m}$ du bord du plateau. (Voir § 136).

Arc du tir parallèle (laiton).

Une bande de laiton de $15^{m}/_{m}$ de largeur et de $3^{m}/_{m}$ d'épaisseur, est incrustée sur le bord du plateau derrière les rondelles. Elle dépasse en longueur les deux lignes directrices extrêmes de $10^{m}/_{m}$ de chaque côté. Le prolongement des lignes de convergence est gravé sur cette bande. Elle est fixée au plateau par six petites vis placées exactement sur les lignes directrices. L'intervalle entre deux lignes directrices voisines est divisé en cinq parties égales. A chacun des quatre points de division intermédiaires, on perce un trou pour goupille de $4^{m}/_{m}$ de diamètre. Le centre de ces trous est percé à $10^{m}/_{m}$ du bord du plateau. Les trous sont numérotés de 1 à 12 à droite et à gauche à partir de la ligne de repère. On ne marque pas les nᵒˢ 3, 8 et 13 qui répondent aux lignes directrices. Ces lignes conservent dans le tir parallèle les mêmes dénominations que dans le tir convergent.

ALIDADE.

Alidade (bronze).

§ 129. L'alidade est en bronze, renflée dans son milieu et percée d'un trou dans son pivot.

Masse de mire (bronze).

Son extrémité antérieure, coudée à angle droit, forme un montant vertical nommé masse de mire. Le sommet de la masse de mire, d'équerre avec le corps, porte un onglet ou guidon. Le sommet du guidon se trouve à 90$^{m/m}$ au-dessus du plateau.

Chapeau (laiton ou de bronze). — Vis de pression.

Cette masse de mire porte une pièce mobile graduée nommée chapeau. Cette pièce est munie d'une vis de pression. Lorsque le chapeau repose sur le plateau, son sommet, formé d'un triangle isocèle de 3$^{m/m}$ de base sur 3$^{m/m}$ de hauteur, doit être de 2$^{m/m}$ au moins au-dessous du sommet du guidon. Le métal du chapeau a 2$^{m/m}$ d'épaisseur. Chacune des deux faces latérales du chapeau, ainsi que la face intérieure, si elle est graduée, est percée d'une fenêtre rectangulaire de 5$^{m/m}$ de largeur et dont la longueur dépend de l'étendue de la graduation.

Boîte (bronze). — Vis de pression.

§ 130. L'autre extrémité de l'alidade se termine par une masse de métal percé d'une mortaise à section rectangulaire, sorte de boîte munie d'une vis de pression, analogue à celle du curseur des hausses et destinée à recevoir une pièce mobile graduée ou montant mobile. En cet endroit, la partie évasée en cœur de l'alidade est percée de deux fenêtres qui permettent de distinguer les rondelles et les trous de l'arc du tir parallèle. Le bas de la fenêtre coïncide avec le bord du plateau et suit sa courbure. La séparation des deux fenêtres, dans laquelle sont percés les trous pour goupille a 10$^{m/m}$ de largeur. Le bord intérieur de la fenêtre suit la courbure du bord de la partie évasée de l'alidade. La largeur du métal en cet endroit reste de 10$^{m/m}$.

Fenêtre { Largeur à la base 11 millim.
Longueur totale 30 millim.

Trous de goupille.

Près de cette boîte, existent, sur l'alidade, trois trous de 4$^{m/m}$ de diamètre, pour goupille. Le trou du milieu doit, quand l'alidade tourne, correspondre exactement au trou central des rondelles ; le plus éloigné doit correspondre au trou central des rondelles ; le plus rapproché du bord doit correspondre aux trous de l'arc du tir parallèle.

Goupille et chaînette (laiton).

Près de là, une goupille de $4^m/_m$ de diamètre est attachée à l'alidade par une chaînette.

Montant mobile (bronze). — Queue, — rainure.

§ 131. Le montant mobile est en bronze, il se compose de deux parties ; la première, nommée queue, est graduée, et munie, dans son milieu, d'une rainure verticale oblique, qui reçoit le bout de là vis de pression.

Branches. — Epaulement.

Cette queue est surmontée de deux branches graduées, réunies, à leur sommet, par une arcade en demi-cercle. Lorsque la vis de pression est desserrée, le montant mobile repose sur la boîte par un épaulement.

Fil.

Au milieu de l'intervalle des deux branches on tend un fil.

Curseur (laiton). — Vis de pression.

Sur les deux branches glisse un curseur rectangulaire qui les embrasse toutes deux, et se fixe sur leur tranche au moyen d'une vis de pression placée sur l'un de ses petits côtés.

Rainure.

Pour faciliter le jeu de cette vis de pression, la tranche extérieure de chaque branche du montant mobile doit porter une rainure verticale triangulaire.

PIED.

Billot (bois de chêne).

§ 132. Le pied se compose essentiellement d'un billot garni de trois supports. Le billot est en bois de chêne de 200^{m}/^{m} sur 300^{m}/^{m} d'équarissage, et de 800 à 1200^{m}/^{m} de longueur. Quand on le taille à l'avance pour un bâtiment, on doit lui donner 1200^{m}/^{m} et ne le couper de longueur qu'au moment de la mise en place.

Equerres (fer).

Le pied du billot se fixe au pont au moyen de six équerres en fer : (largeur, 50^{m}/^{m} ; épaisseur, 5^{m}/^{m}).

Longueur de la branche : (verticale, 50^{m}/^{m}, fixée au billot par trois vis ; horizontale, 50^{m}/^{m}, fixée au pont par trois vis.

On place deux équerres espacées de 200^{m}/^{m} sur chacune des grandes faces du billot, et une seulement au milieu de chacune des petites faces. Cependant, si l'une des faces du billot doit s'appliquer contre un pavois (ce qui arrive le plus souvent), il n'y aura pas d'équerre sur cette face.

Etrier (fer).

§ 138. A 300 ou 400^{m}/^{m} du bout supérieur du billot, on place un étrier en fer, embrassant trois faces du billot et encastré dans le bois même : (largeur, 30^{m}/^{m} ; épaisseur, 5^{m}/^{m}).

Oreilles.

Il est terminé par deux oreilles de 100^{m}/^{m} de longueur, portant deux trous pour vis.

Taquets (bois).

A 120^{m}/^{m} de la face supérieure du billot, on fixe, sur chacune des grandes faces, un taquet en bois dont le dessus est dressé et d'équerre : (hauteur, 30^{m}/^{m} ; épaisseur, 20^{m}/^{m}).

Il se fixe au billot par trois vis à bois.

Plate-bande (cuivre).

§ 134. La face supérieure du billot doit être bien dressée et d'équerre avec les faces latérales. On y place une plate-bande triangulaire en cuivre : épaisseur, 5^{m}/^{m} ; largeur de chaque branche, 36^{m}/^{m}).

Mortaises.

Elle porte trois mortaises : (largeur, 5^{m}/^{m} ; longueur 20^{m}/^{m}).

Le milieu du côté intérieur de chaque mortaise est placé sur l'un des sommets d'un triangle ayant 200^{m}/^{m} de base et 200^{m}/^{m} de hauteur.

Le côté intérieur de chaque mortaise affleure la face extérieure du billot. La plate-bande est disposée régulièrement par rapport à l'axe du billot. Les mortaises sont disposées, deux d'un côté, une de l'autre, sur les deux grandes faces du billot. Lorsque le billot est en place, la face qui répond aux deux mortaises est tournée vers l'intérieur du bâtiment.

La plate-bande est fixée au billot par 9 ou 12 vis en cuivre.

Supports (laiton ou bronze).

§ 135. Trois supports en laiton, ayant : (longueur totale, 171^{m}/^{m} ; largeur 20^{m}/^{m} ; épaisseur, 5^{m}/^{m}), s'engagent dans les mortaises de la plate-bande, où ils doivent entrer à frottement doux.

Talon.

Leur talon, épais de 10^{m}/^{m}, fait saillie de 10^{m}/^{m} en équerre sur le support.

Tenon.

La tête du support forme un tenon : (longueur, 45^{m}/^{m}, largeur, 16^{m}/^{m} ; épaisseur, 5^{m}/^{m}.

Mortaise.

A 4 ^{m}/^{m} du sommet, ce tenon est percé d'une mortaise carrée de 6^{m}/^{m} de côté, dans laquelle doit s'engager un verrou.

Trou pour vis.

Chaque support est percé d'un seul trou. Son centre est à 63^{m}/^{m} au-dessus de la face supérieure du talon.

Brides (laiton).

Chaque support est maintenu sur le billot par une bride en laiton : (largeur, 16^{m}/^{m} ; épaisseur, 3^{m}/^{m}),

Terminée par deux oreilles de 3^{m}/^{m} de longueur, fixées chacune au billot par deux vis.

Plate-bande (cuivre).

§ 136. Le plateau de l'instrument est soutenu par une plate-bande triangulaire en cuivre, exactement semblable à celle du billot.

Elle est fixée au plateau par 17 petites vis en cuivre (pour empêcher le plateau de se gondoler).

Mortaises.

Elle porte aussi trois mortaises : (longueur, 16^{m}/^{m} ; largeur, 5^{m}/^{m}), correspondant exactement au milieu de celles de la plate-bande du billot. Ces mortaises se prolongent à travers le plateau, pour recevoir les tenons des supports.

Verrous (cuivre).

Les verrous qui pénètrent dans les mortaises des tenons ont : (longueur, 48^{m}/^{m} ; équarissage, 6^{m}/^{m} ; ils sont incrustés dans le plateau et maintenus par deux brides en laiton, incrustés aussi, et fixées chacune par deux vis.

Brides (laiton).

Le verrou, ses brides, le petit arrèt ou heurtoir laissé sur le corps du verrou, et la tête du tenon des supports, doivent être affleurés, afin que l'alidade puisse tourner librement.

Limbe graduée (laiton).

§ 137. Si l'on doit graduer l'instrument en degrés, on ajoute au plateau un cercle ou limbe en laiton : (largeur, $20^{m/m}$; épaisseur, $2^{m/m}$), cloué sur le pourtour du plateau, encastré de son épaisseur et affleuré.

Le point $0°$ de la graduation devra être placé sur la ligne de repère ou à $90°$ de cette ligne, afin qu'il se trouve par le travers du bâtiment ou dans la direction de la quille.

Sur chaque ligne de direction tracée sur le plateau, on grave en chiffres de $20^{m/m}$ de hauteur, le nombre de pièces qui battent dans cette direction. (pl. 3).

A l'opposé, on grave, en lettres de $20^{m/m}$, le mot tribord ou le mot bâbord, selon le bord auquel l'instrument est destiné, ainsi que le nom du bâtiment auquel il appartient.

PRÉCAUTIONS A PRENDRE DANS LA CONFECTION DE L'INDICATEUR.

§ 138. Le plateau doit être fait en bois sec, afin qu'il ne se gondole pas, sa face supérieure doit être bien dressée.

Les six lignes de convergence, gravées profondément, doivent faire exactement entre elles les angles obtenus par le calcul préalable. La ligne de repère et celle de l'étoile doivent aussi être tracées exactement, mais non gravées.

Le trou de repère, les trous des rondelles et de l'étoile, doivent avoir leurs centres exactement sur les lignes précitées.

La goupille doit fixer l'alidade sur chaque trou, sans ballottement.

Le sommet du guidon doit être rigoureusement à la même hauteur au-dessus du plateau que le zéro de l'échelle du montant mobile, lorsque ce dernier repose sur sa boîte.

Lorsque le curseur est fixé à zéro, la distance du fond de son cran au sommet du guidon doit être rigoureusement de $400^{m/m}$.

Les tenons des supports doivent entrer facilement dans les mortaises de la plate-bande du plateau, mais sans jeu.

Les verrous doivent entrer dans les mortaises des tenons de la même manière.

Les supports doivent glisser à frottement et sans aucun jeu dans leur bride, et dans la mortaise de la plate-bande du billot.

Les mortaises de la plate-bande du billot et celles de la plate-bande du plateau doivent se correspondre exactement.

Nota. — A bord, lorsque l'instrument n'est pas en place, on doit couvrir la tête du billot d'une défense en bois de chêne verni, afin de préserver les supports de l'humidité et des chocs.

Cette pièce, qui repose sur les deux taquets latéraux, doit être confectionnée et délivrée avec le pied de l'instrument.

Lorsque l'instrument n'est pas en place, il est renfermé dans une boîte en bois. Le plateau, l'alidade, le montant mobile et le chapeau, sont placés séparément dans des encastrements pratiqués à cet effet. Les instruments sont délivrés aux bâtiments dans ces boîtes, et mis à la charge du maître canonnier.

RÈGLE DE POINTAGE.

§ 139. Les règles de pointage se composent d'une tige en bois, d'une boîte en bronze (pl. 5) et d'une crémaillère en bronze.

TIGE.

Tige (bois de chêne)

La tige est en bois de chêne.

LONGUEUR DES RÈGLES.

Canons de 30, n° 1 et n° 2; obusiers de 22 ^{c}/^{m}, n° 2	650^m/^{m}.
Obusiers de 27 et de 22, n° 1	800
Canons de 30, n°s 3 et 4, et canon-obusier de 30	550
Canons de 50 { en batterie couverte	700
{ affût modifié pour les gaillards.	950
Canon de 36 (affût ancien).	950
Canon de 24 (id.).	850

Largeur, 30^m/_m ; épaisseur, 26^m/_m.

Les crans pour la bande sont portés sur une crémaillère.

On creusera dans la petite face de droite de la tige, à partir du pied, une rainure triangulaire de 6^m/_m de largeur et 3 de profondeur au milieu, et de 300^m/_m de largeur pour tous les calibres.

Crans de hausse. — Zéros.

Le pied de la règle est gradué d'après les tables générales et les graduations sont disposées, absolument comme sur les curseurs règlementaires. Le cran zéro de la hausse, prolongé sur les quatre faces est peint en blanc.

La face antérieure est celle qui porte la graduation pour la plus forte charge.

Peinture du bout des règles.

L'extrémité supérieure de la règle est peinte, sur une largeur de 80^m/_m de de la même couleur que le corps des gargoussiers de la batterie à laquelle elle appartient.

Savoir : 1re batterie, noir ; 2e batterie, blanc ; 3e batterie, vert ; gaillards, jaune.

Numérotage des règles.

Sur cette partie peinte (face antérieure) on numérote les règles ainsi qu'il suit :

Pour les canons ou caronades : 1. T. ou 1. B. Première pièce de tribord ou première pièce de bâbord de la batterie.

Pour les obusiers, on ajoute la lettre O à cette désignation ; ainsi : O. 8. T. indique la règle d'un obusier qui est la huitième pièce à tribord dans la batterie.

Ces lettres sont peintes en blanc sur les règles de 1re batterie, en noir sur toutes les autres.

Crémaillère (bronze).

Elle est formée d'une bande de bronze : largeur. 26^m/_m ; épaisseur, 5^m/_m. Le milieu de la bande porte un collier rectangulaire en bronze : hauteur,

20$^{m}/^{m}$; épaisseur, 2$^{m}/^{m}$, destiné à guider la crémaillère dans son mouvement le long de la tige.

A chaque extrémité la crémaillère est percée de deux trous pour vis en cuivre. Deux des quatre trous seulement doivent recevoir à la fois des vis.

Au milieu de la crémaillère est gravé, dans toute sa largeur, un cran triangulaire de 3$^{m}/^{m}$ de profondeur sur 5$^{m}/^{m}$ de largeur. Au milieu de la longueur de ce cran est percé un trou de 5$^{m}/^{m}$ de diamètre. Ce cran représente le zéro de bande.

Au dessus et au dessous du cran zéro, la crémaillère porte des entailles : profondeur, 3$^{m}/^{m}$; hauteur, 5$^{m}/^{m}$. L'écartement d'une entaille à l'autre représente un degré de bande. Les degrés sont numérotés de 1 à 10 à partir de zéro

Au dessus du zéro, on grave sur le collier, les mots : Au vent ; au-dessous du zéro, les mots : sous le vent.

On grave encore sur la face opposée du collier l'indication du calibre auquel convient la crémaillère.

La longueur totale des crémaillères qui conviennent à chaque calibre est donnée dans les tables générales (table 29).

BOITE.

Boîte (laiton).

§ 140. La boîte en laiton a 90$^{m}/^{m}$ de hauteur ; le métal qui la forme a 3$^{m}/^{m}$ d'épaisseur. Elle enveloppe exactement le pied de la règle, sur laquelle elle doit glisser librement ; elle a donc extérieurement : (largeur, 36$^{m}/^{m}$; épaisseur, 32$^{m}/^{m}$),

Vis de pression (fer).

Sur une de ses petites faces, elle porte une vis de pression en fer à tête plate.

Le téton qui reçoit cette vis de pression est placé le plus près possible du sommet de la boîte.

Le modèle unique de ces boîtes, dont la description précède, suffit généralement pour toutes les règles. Mais maintenant qu'on gradue toutes les règles jusqu'à 10 encâblures et au-delà, l'adoption d'un talon devient nécessaire pour toutes les boîtes dont la hauteur peut alors être réduite à 90^m/^m pour tous les calibres, à l'exception des canons de 30, n° 3 et n° 4, et des canons de 50 en batterie couverte. Pour ces dernières pièces la hauteur de la boîte sera de 160^m/^m.

Le talon fondu avec la boîte, sur un de ses petits côtés et d'équerre avec lui, aura 30^m/^m de longueur ; la largeur du talon sera de 32^m/^m, et l'épaisseur du métal qui le forme de 10^m/^m.

Comment on doit confectionner et délivrer les règles.

La règle est d'abord peinte et numérotée. Puis la hausse est graduée, conformément aux tables générales, pour la hauteur convenable, hauteur mesurée préalablement à bord du bâtiment et qui varie pour chaque navire.

Avant de les délivrer aux bâtiments on munit chaque règle de la crémaillère qui lui convient. On l'amarre simplement dessus avec un bout de ficelle, car elle ne doit être fixée par ses deux vis qu'à bord du bâtiment, et à la suite de l'opération dans laquelle on a pour but de marquer le zéro de bande des règles.

On doit avoir en approvisionnement des crémaillères confectionnées d'avance pour les différents calibres.

RÈGLES DE QUEUE DE FLASQUE.

§ 144 Les règles de queue de flasque se composent d'une tige en bois et d'une douille en laiton (pl. 6).

TIGE.

Tige (bois de chêne).

La tige est en bois de chêne, (longueur des règles).

Obusiers de 27^c/^m	900^m/^m.
Canons de 50.	800
Obusiers de 22^c/^m, n° 1 . . . . 2 . .	750
Obusiers de 22^c/^m, n° 2, canons de 30, n° 1, 2, 3, 4. . .	700
Canons obusiers de 30.	600
Caronades de 36 et de 30.	500
Caronades de 24 et de 18.	450

Largeur, 30^{m}/^{m} ; épaisseur, 30^{m}/^{m}. Pour les caronades, les règles ont 20^{m}/^{m}, sur 20^{m}/^{m} d'équarissage.

La tête de cette tige est munie d'un bouton en laiton.

(Diamètre, 20^{m}/^{m} ; épaisseur, 5^{m}/^{m}).

Bouton, son collet et ses pattes (laiton).

Le collet de ce bouton a : (diamètre, 8^{m}|^{m} ; longueur, 5^{m}|^{m}).

Les pattes qui servent à fixer ce bouton, incrustées dans les faces latérales de la règle, ont : (longueur, 44^{m}/^{m} ; largeur, 12^{m}/^{m} ; épaisseur, 3^{m}/^{m}.

Clous rivés (cuivre).

Elles sont fixées à la règle par deux clous en cuivre qui traversent la règle dans toute son épaisseur ; ils sont rivés et affleurés.

Zéro.

Le cran zéro de la règle, prolongé sur les quatre faces, est peint en noir. A bord, après l'opération de la graduation des règles de flasque, on peindra chaque cran, de la couleur qui répond à son nom, savoir :

Le 1er ou le plus rapproché du zéro, en blanc ;

Le 2e —   —   en jaune ;

Le 3e —   —   en rouge.

Plaques (cuivre et laiton).

Sur la face supérieure de la règle (une de celles qui n'a pas de pattes de bouton), on incruste une plaque fixée par deux vis en cuivre.

Cette plaque a : (longueur, 25^{m}/^{m} ; largeur, 30^{m}/^{m} ; épaisseur, 2^{m}/^{m}), elle est en cuivre rouge pour la règle placée sur le flasque de l'affût qui regarde l'avant du bâtiment ; en laiton pour la règle de l'arrière (1).

Près du bout de la règle et sur la face extérieure, on peint un T. pour les règles de tribord, un B. pour celles de bâbord.

(1) Le numéro de la pièce est gravé sur la plaque indicatrice de chacune des deux règles d'un même affût.

Vers le même endroit, on grave sur le bois de la règle les chiffres suivants :

Sur la face supérieure, 400 (cette face est indiquée par la plaque en cuivre);

Sur la face extérieure, 600 (cette face est en dehors par rapport au flasque);

Sur la face inférieure, 800 (cette face est opposée à la plaque en cuivre) ;

Sur la face intérieure, 75 (cette face touche le flasque quand la règle est en place).

DOUILLE.

Douille (laiton).

§ 142. La douille est en laiton ; elle a une partie prismatique qui enveloppe la règle et lui sert de guide, et deux oreilles percées de quatre trous pour vis en cuivre. Ces vis devront avoir de 14 à 15$^{m}/^{m}$ de tige, tête non comprise.

La douille a pour longueur 120$^{m}/^{m}$; le métal qui la forme a 3$^{m}/^{m}$ d'épaisseur ; elle a donc pour : (largeur, 36$^{m}/^{m}$; épaisseur, 33$^{m}/^{m}$; pour les caronades, la douille a extérieurement : largeur, 26$^{m}/^{m}$; épaisseur, 23$^{m}/^{m}$. L'oreille supérieure est dans le prolongement de la face supérieure de la douille et non coudée à angle droit. Elle doit être incrustée dans la face supérieure de la semelle de la caronade.

La largeur des oreilles est de 16$^{m}/^{m}$.

Vis de pression.

La douille porte une vis de pression à tête plate. Le téton de cette vis de pression, placé sur la face supérieure de la douille (supposée en place), doit être rapproché le plus possible du bout arrière de la douille (par rapport à l'affût).

La tête de la vis de pression aura pour plus grande largeur, 30$^{m}/^{m}$.

Lorsqu'on confectionne les douilles, on doit se souvenir que les deux douilles d'un même affût sont symétriques et non pareilles. Elles ont, toutes deux, la vis de pression sur l'arrière.

NOTA. — Les règles de pointage et de queue de flasque doivent être disposées près des pièces, le long des baux ou contre la muraille, comme les armes portatives.

Fourrure de 1er adent (fer.)

§ 143. Le point du premier adent ou de la queue du flasque sur lequel doit reposer le talon de la règle de pointage, est garni d'une fourrure ou équerre en fer de 3^m/^{m} d'épaisseur, encastrée dans l'épaisseur du bois et maintenue par quatre vis.

Le bout extérieur de cette fourrure doit se trouver précisément par le travers du bout extérieur du trait de la plate-bande de culasse lorsque l'axe de la pièce est horizontal.

La largeur de chaque côté de l'équerre est de 40^m/^{m}. La longueur est de 80^m/^{m} pour toutes les pièces en batterie couverte, et de 16^m/^{m} pour celles qui tirent, sous de grands angles, en batterie barbette.

TABLEAUX DE TRANSMISSION D'ORDRES. (pl. 7).

§ 144. Ces tableaux dont le nombre est devenu assez considérable, seront confectionnés et délivrés aux bâtiments par les directions d'artillerie.

Ils seront conformes aux modèles en bois déposés à la direction d'artillerie, et désignés par les n°s 1, 2, 3 et 4.

N° 1 — Tableau de dunette,

N°s 2 et 3 — Tableaux de batterie,

N° 4 — Tableau de soute et faux- pont.

Il sera délivré à chaque bâtiment pourvu de l'installation du tir convergent :

Tableau n° 1 — Un.

Tableaux n°s 2 et 3 — Un n° 2 et un n° 3, de chaque bord pour chaque section des batteries couvertes.

Ex : Pour le *Charlemagne*, vaisseau à deux ponts, deux batteries couvertes et huit sections, on délivrera 16 tableaux n° 2, dont 8 de tribord et 8 de bâbord (ils sont symétriques et non semblables) et 16 tableaux n° 3 qui sont identiques pour les deux bords.

Tableau n° 4 — Quatre ; un pour chaque soute et deux pour le faux-pont.

NOMBRE DE CHEVILLES INDICATRICES A DÉLIVRER A CHAQUE TABLEAU.

Tableau N° 1 — 7, 9 ou 11, selon le rang du bâtiment.

   —   N° 2 — 2,

   —   N° 3 — 3,

   —   N° 4 — 4, 6 ou 8, selon le rang du bâtiment.

TUYAUX ACOUSTIQUES.

§ 145. Ces tuyaux, en gutta-percha, doivent être pris à Paris, chez le fabricant qui a fourni ceux de l'*Uranie*.

Le nombre de mètres nécessaires peut être évalué ainsi :

DESTINATION DU TUYAU.	VAISSEAUX A TROIS PONTS.	VAISSEAUX A DEUX PONTS.	FRÉGATES.
	Longueur en mètres.	Longueur en mètres.	Longueur en mètres.
Soute arrière..	16. 40	14. 20	12. 00
Faux pont (2).	11. 00	8. 80	6. 60
1re batterie..	8. 80	6. 60	4. 40
2e batterie.	6. 60	4. 40	»
3e batterie.	4. 40	»	»
Entre les soutes.	37. 00	34. 00	32. 00
Soute avant.	14. 20	12. 00	9. 80
Totaux.	98. 40	80. 00	64. 80
Moitié en sus pour rechange..	49. 20	40. 00	32. 40
Totaux généraux. . .	147. 60	120. 00	97. 20

EMBOUCHURES A SIFFLET.

	VAISSEAUX A TROIS PONTS.	VAISSEAUX A DEUX PONTS.	FRÉGATES.
Nombre (2 par tuyaux). . . .	14. 00	12. 00	10. 00
Moitié en sus pour rechange.	8. 00	6. 00	6. 00
Totaux.	22. 00	18. 00	16. 00

(1) Ces longueurs tiennent compte des retours que font nécessairement les tuyaux des soutes.

(2) Ce tube est indispensable pour les ordres à donner au passage des projectiles et à la cale.

Pour les vaisseaux à vapeur il faut ajouter un tube de 10 mètres de longueur, muni de ses deux embouchures à sifflet destiné à établir la communication avec la machine. On délivrera en même temps un tube exactement pareil pour rechange.

Ces tuyaux doivent être délivrés en pièce et non coupés. On ne les coupera à longueur qu'au moment du placement à bord.

Près de son embouchure, sur la dunette, chaque tube portera un collier en cuivre avec l'indication de sa destination.

Cette indication consistera en une lettre découpée dans le collier et ayant $40^{m/m}$ à $50^{m/m}$ de hauteur.

1, 1re batterie ; 2, 2e batterie ; 3, 3e batterie ; S. soute ; F. P. faux-pont.

TIMBRES.

§ 146. Si l'on peut trouver à Paris des timbres remplissant les conditions convenables et pourvus d'un marteau à échappement, il en sera donné un par batterie couverte. En attendant qu'on ait adopté un système de timbres, on délivrera une cloche par batterie couverte ; chacune recevra l'installation indiquée à la planche VII. (La cloche du bâtiment est comprise dans le nombre indiqué).

Ce serait, d'ailleurs, une question à mettre au concours parmi les fabricants d'instruments de ce genre.

TABLE DES MATIÈRES.

PLANCHES.

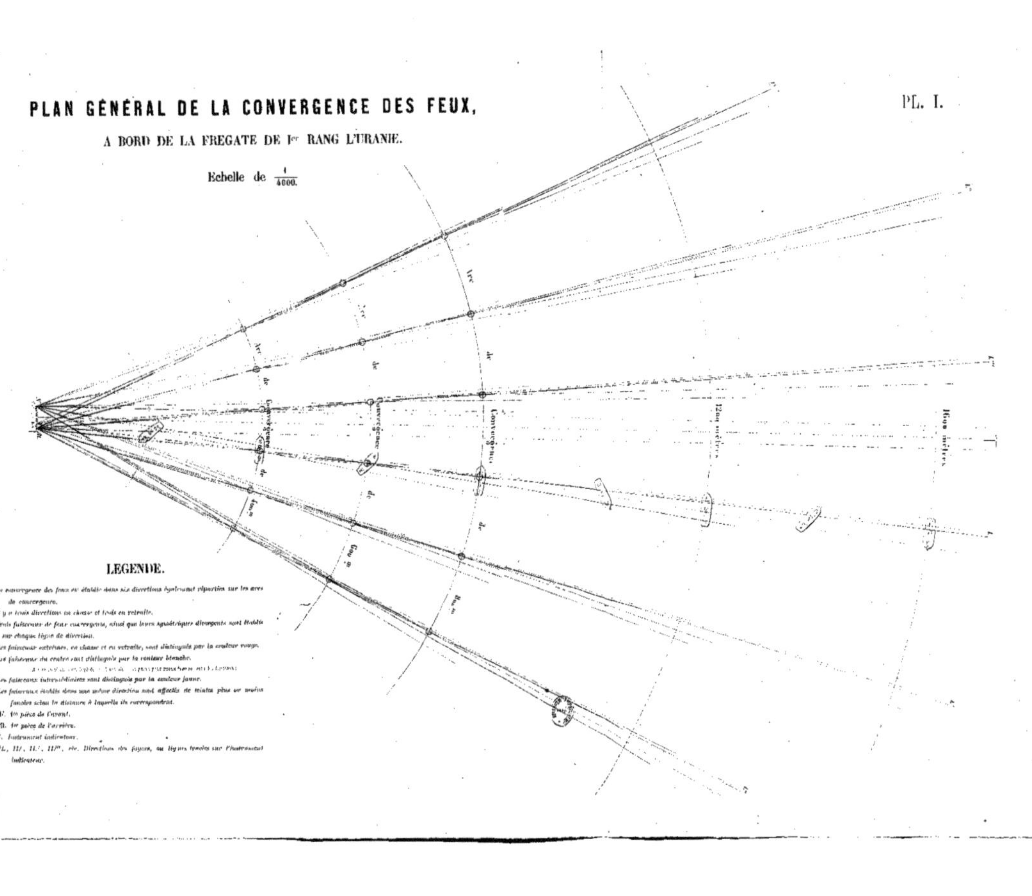

PLAN GÉNÉRAL DE LA CONVERGENCE DES FEUX,
À BORD DE LA FRÉGATE DE 1er RANG L'URANIE.
Echelle de 1/4000.
PL. I.
LÉGENDE.
La convergence des feux est établie dans six directions également réparties sur les arcs de convergence.
Il y a trois directions en chasse et trois en retraite.
Trois faisceaux de feux convergents, ainsi que leurs symétriques divergents sont établis sur chaque ligne de direction.
Les faisceaux externes, en chasse et en retraite, sont distingués par la couleur rouge.
Les faisceaux du centre sont distingués par la couleur blanche.
Les faisceaux intermédiaires sont distingués par la couleur jaune.
Les faisceaux établis dans une même direction sont affectés de teintes plus ou moins foncées selon la distance à laquelle ils correspondent.
A. 1re pièce de l'avant.
B. 1re pièce de l'arrière.
I. Instrument indicateur.
IL, IL', IL'', etc. Directions des foyers, ou lignes tracées sur l'instrument indicateur.

PLAN PARTICULIER DE TROIS CONVERGENCES

A BORD DE LA FREGATE DE 1ᵐ RANG L'URANIE.

Fig. 1.

Fig. 2.

Faisceau convergent en hauteur,
pour un vaisseau de 1er rang.

Echelle de $\frac{1}{200}$.

LEGENDE.

Fig. 1. Quatorze canons de 30 Nº 1, en batterie de l'Uranie, sont dirigés sur le foyer de convergence de 75 mètres.

Les 7 pièces de l'avant de la batterie se servent de la règle de queue de flasque de l'N de l'affût.

Les 7 pièces de l'arrière se servent de la règle de l'arrière.

Les lignes rouges représentent les lignes de mire des pièces supposées dirigées à 400 mètres sur le foyer blanc en chêne.

La partie postérieure des affûts montre la disposition des règles de queue de flasque. Toutes les pièces de la batterie se servent de la règle de l'arrière de l'affût.

Les lignes bleues représentent les lignes de mire des pièces, supposées dirigées à 400 mètres sur le foyer en retraite. La partie postérieure des affûts tracée en bleu montre la disposition des règles de queue de flasque. Toutes les pièces de la batterie se servent de la règle de l'avant de l'affût.

Fig. 2. Les quatre batteries d'un vaisseau à trois ponts sont pointées en convergence. Les lignes de mire, ainsi que celle de l'instrument indicateur placé sur le bastingage de dessus, sont dirigées sur le foyer. On voit que le faisceau de feux convergents n'est pas symétrique au faisceau divergent.

(...)

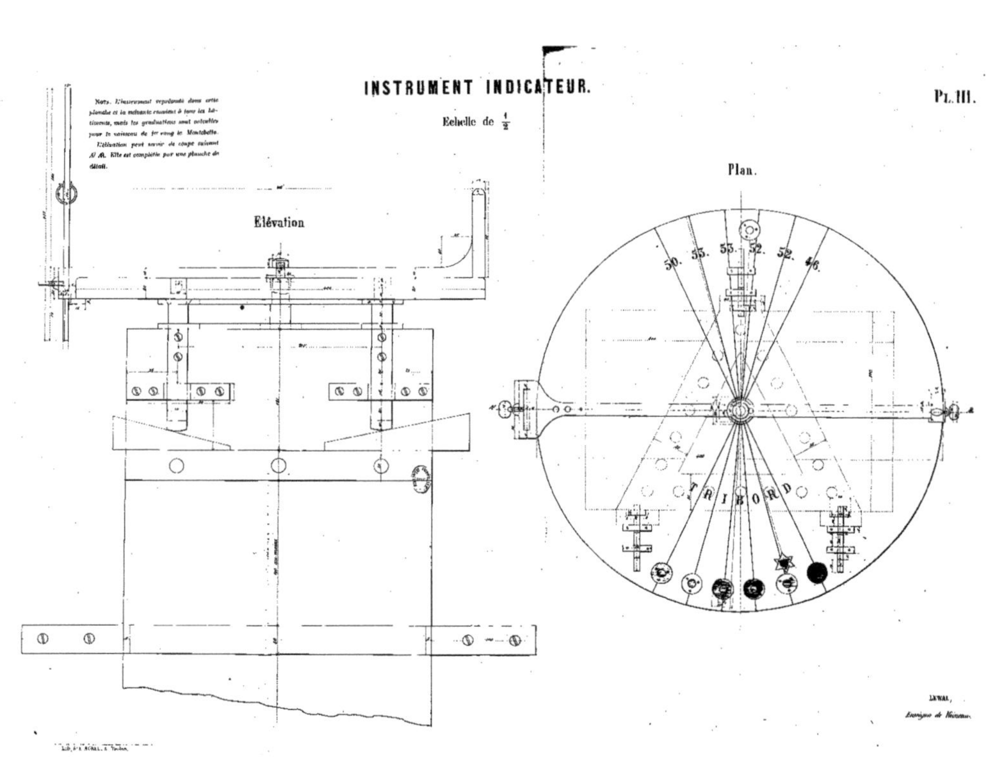
Note. L'instrument représenté dans cette
planche et la méthode examinée à tous les bâti-
timents, mais les graduations sont actuelles
pour le vaisseau de 1er rang le Montebello.
L'élévation peut servir de coupe suivant
M M. Elle est complétée par une planche de
détail.

Élévation

Plan.

50. 55. 53. 52. 52. 46.

TRIBORD

LEWAL,
Enseigne de Vaisseau.

PL. IV.

AU VENT
SOUS LE VENT
Coupe
Élévation
Montant mobile.
à l'Échelle.
Coupe.
Chapeau
Élévations.
HUNE
BARRES
Montant fixe
Échelle de ⅓
Coupe suivant AB.
Face postérieure.
Pied de l'Instrument.
Tête du billot.
Plan.
LEWAL.

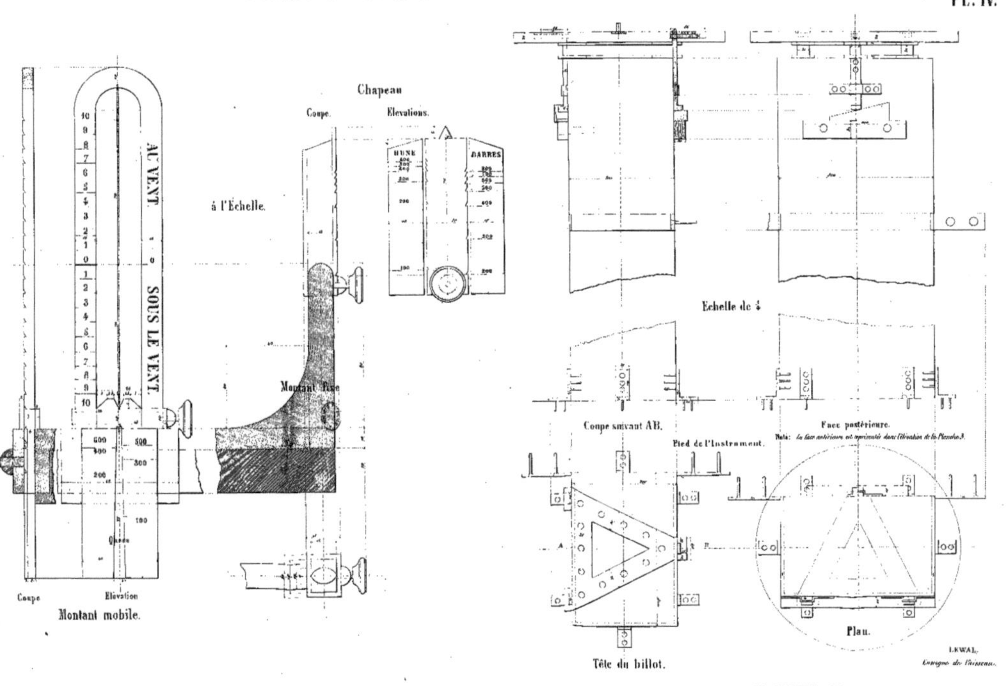

RÈGLE DE POINTAGE EN HAUTEUR.

Echelle de ½.

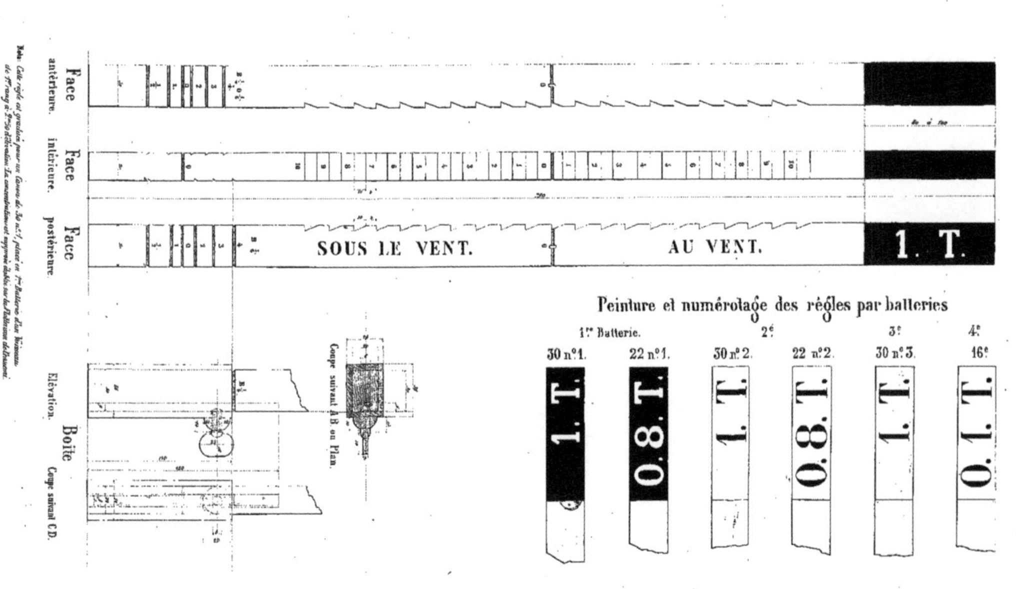

Echelle de ½

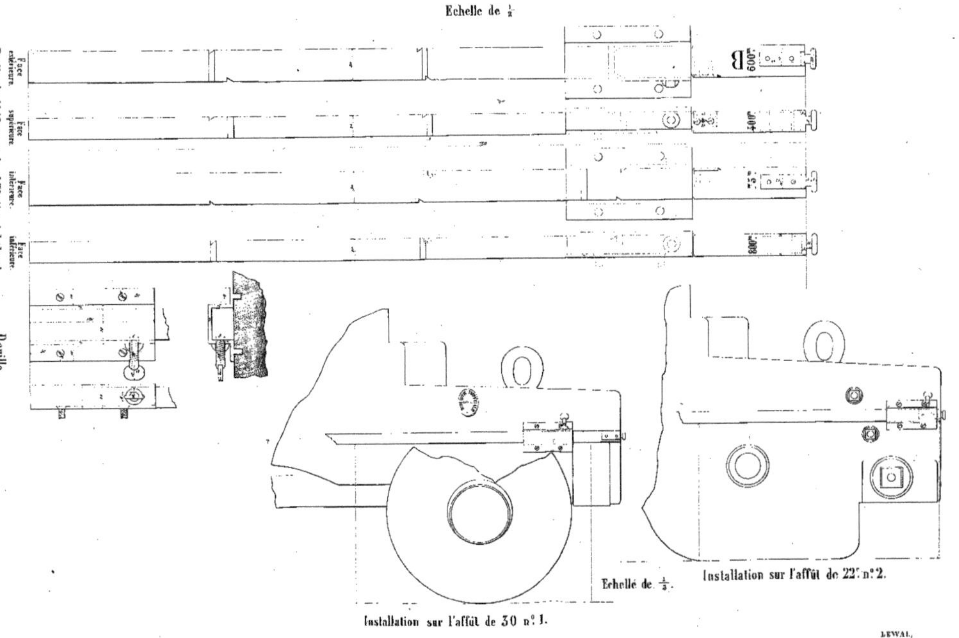

LEWAL,
Enseigne de Vaisseau.

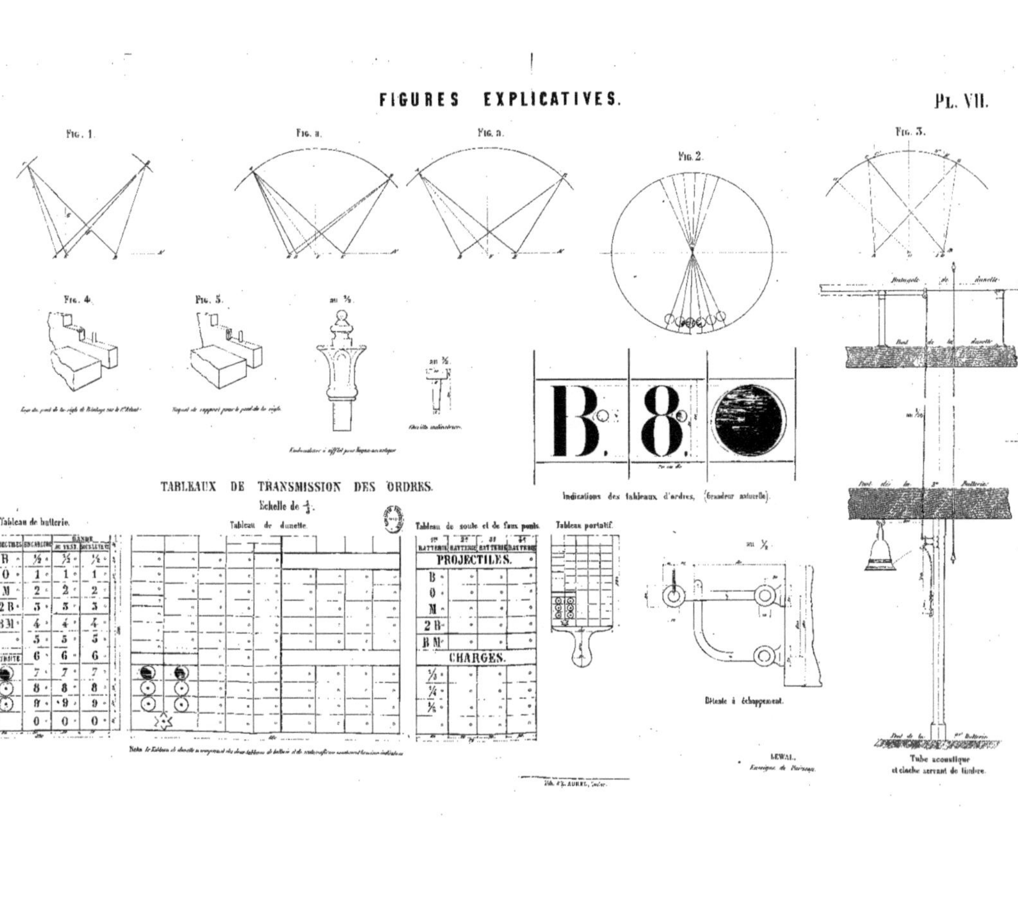

FIG. 1.
FIG. 2.
FIG. 3.
FIG. 2.
FIG. 3.
FIG. 4.
FIG. 5.
TABLEAUX DE TRANSMISSION DES ORDRES.
Echelle de 1/3.
Tableau de batterie.
Tableau de dunette.
Tableau de soute et de faux ponts.
Tableau portatif.
PROJECTILES.
CHARGES.
Indications des tableaux d'ordres. (Grandeur naturelle).
Détente à échappement.
LEWAL.
Tube acoustique
et cloche servant de timbre.